Andreas Vierk
Als gäbe es die Liebe

AF282598

Herstellung und Verlag: BoD – Books
on Demand, Norderstedt
ISBN: 9783758321641
Alle Gedichte © Andreas Vierk 2023

Andreas Vierk

Als gäbe es die Liebe

Ausgewählte Gedichte

Inschriften

An den Menschen

…und als du gingst, verlor die Welt ihr Grau,
fing wieder an, auf einem Bein zu stehen
und ließ den Geist durch ihr Gefieder wehen
und spreizte Nerven in den Morgentau.

Die Kelche wurden wieder Kostbarkeiten,
der Globus – leichter ohne dein Gewicht –
verlor sich ganz in Renaissance und Licht,
die Schleiereule träumte sich ins Gleiten.

In Bienen schmolz ein Lied in viele Welten
mit ihren staunenden, grazilen Köpfen
und großem, goldumspülten Kinderblick.

Auch *dein* Erwachen ließ sie wieder gelten.
Ich sah dich Wasser aus dir selber schöpfen.
In einem Hauch erfüllst du dein Geschick.

Einer von uns

Er steht allein, ihn fressen Schattenhunde
und ihn verätzt ein Blutzypressenwald.
Und selbst das Echo geht an ihm zugrunde:
 denn „Was du tun willst, das tue bald."

Er träufelt Mandelgift in unsre Adern,
singt in Orangenbäumen seine Klage.
Sein Zweifeln wird in uns zur Menschheitsfrage,
damit wir mit den Spiegelbildern hadern.

Er steht allein. Ist wie ein Kind zerbrechlich.
Traurige Augen sterben hin wie Dochte.
Ein Beutel Münzen zittert in der Hand.

Und wenn jemals die Seele in ihm pochte
– der Höchste, unbewegt und unaussprechlich –,
er ließ sie sinken in den Wüstensand.

Marie de France

Du schrittest aus, als gäbe es die Liebe:
ein weißer Bug aus Schaum im Sommerklee,
ein Schlafbrokat, ein Segel überm See,
Sekundenschlag, der gerne ewig bliebe.

Marie! Ein Gral ist deine Buntglasstirn,
ein Brusttuch dein Gesang aus hellem Zwirn,
ein Vogelzwitschern nahe der Forelle,
und Topasschauer deine Seelenwelle.

In Apfelbäumen weht der Lai d'amour.
Frei und entschleiert glänzt Maria nur
in tausend und in einer fernen Feige.

Du flötest auf den Lippen von uns allen,
wirst mit uns steigen oder mit uns fallen.
Wir schäumen mit dir in die Blütenzweige.

Leonardo

Sahst du in Sturz und Bogenflug die Krähen
im dunklen Schwarm um Abendkuppeln branden,
als wollten sie auf deiner Schulter landen,
um schließlich in der Ferne zu verwehen?

So stürzen – blieb uns nicht der Atem aus? –
auch wir in leere Taumelgalaxien,
als würde uns ihr Strudel zu sich ziehn,
um an der Flanke eines Kirchenbaus,

die Kurve böenauf zu korrigieren.
Dies war dein Traum – und unter Flugmaschinen
brennt ein Gedanke auf und wird zu Staub.

Und dann, im Abendduft der Apfelsinen,
der sich vermischt mit dem gesunknen Laub,
beginnst du ein Sonett zu deklamieren.

Der Ozean Tshangyang

Er wurde in versteinter Zeit geboren
und in ihm wohnte der für uns einst starb,
an dem der Dinge Truggesicht verdarb
und dem kein Wesen jemals ging verloren.

So wurde ihm sein Kinderhaupt geschoren,
dem Bodhisattva der Barmherzigkeit,
dem Wächter an den Pforten unsrer Zeit:
in jeglichem Atom liegt er vergoren.

Und wieder – wie zuvor zur Zeitenwende –
war er den Staatenlenkern nur im Weg,
den Priestern nutzlos, Dichter, Trinker, Wind.

Jenseits von Tibet griffen unsre Hände
ihn wie er harrte auf des Flusses Steg.
Er strauchelt in uns, die wir Steine sind.

Für Friedrich Hölderlin und Annette von Droste-Hülshoff

Zwei Türme sind. Zwei Flammen flackern trübe
im blauen Neckar und im Bodensee.
Der schwarze Pegasus mutiert zum Reh.
Zwei Wasserkreise sind. Zwei Fieberschübe.

Zerbrechlich sind die weißen Handgelenke,
die Fingerknöchel, die im Licht ertrinken.
Der Atem selber muss ins Wasser sinken.
Der Tod, gefiedert, beugt sich in die Tränke.

Nur Stumme sind sich selber unverstanden
und wollen Vers und Lied in Irrsinn spiegeln.
Zerrüttung dreht sich in den Sarabanden
und muss zum Ausritt Flammeneber striegeln.

Die Haut verbrennt in Markt und Stadien,
und nur der Blick glänzt in Arkadien.

Für Paul Gauguin

Als du vorbei gingst in der Kluft der Küsten,
da wollten alle Farben explodieren,
und meine Augen wollten sich verlieren,
obwohl sie doch nach Innen sinken müssten,

weil alle Menschen auserkoren sind,
die Sinne in den Samt der Nacht zu lenken,
sich selbst an ihre Seele zu verschenken,
ihr Augenweiß in sie zu senken, blind.

Was kann die Liebe tun, als ohne Ziel
in Papageienfischen zu ertrinken,
dahin zu treiben durch die Sternkorallen,

sich hinzugeben dem verrückten Spiel,
anstatt in eine Wirklichkeit zu sinken
und einsam in den Mittelpunkt zu fallen?

Für T.S. Eliot

Im Wald, die Niederkunft von Mrs. Jones:
Die Kulleraugen im Druidentempel
gewannen Dasein vom Beamtenstempel.
Im dichten Laubwald blühten Babyphons.

Wir waren blöd in unsrer Pyramide
und trachteten nach schwarzen Staatskarossen,
dieweil die wilden Orchideen sprossen,
lachten uns Därme voller Herbizide.

Wir harren sehnsuchtsvoll, zurück zu kehren
auf eigenen und fremden Stiefelspuren
und schmelzen scheinbar fort und wurzelhin.

Wir wünschen nur, uns selber zu verzehren,
in unsren Kiefern weiße Tastaturen,
Krawatten, Kragen, Stricke unterm Kinn.

Revue Perdue 1916

Für Hugo Ball und Emmy Hennings

Die Putzfrau wischt die blauen Lichter fort,
die roten aus den Ritzen der Kulissen,
und schüttelt Lieder aus den Sofakissen
und aus den Lampenschirmen Wort um Wort.

Das Wasserherz im fernen Dunkelstern
gebiert sich unter meinem Schlüsselbein.
Ein Ozean will meine Seele sein,
in deinem Schoß ein Mandarinenkern.

Der Ziegenbock bespringt die Tänzerin –
im Regen, Zürich, Cabaret Voltaire –
im Trommelschlag ertauben ihre Ohren.

Ihr Dasein zischt berauscht im Widersinn
der Erde fern, im Mondkorallenmeer.
Sie träumt sich tot mit mir und ganz verloren.

Vom Aufbegehren der Farben

Für Paul Klee, Gunta Stölzl, Marc Chagall,
Hans Arp, Hannah Höch und Wieland
Herzfelde in der Weimarer Republik

Flamingos fliegen in den Nebelwäldern
und goldne Karpfen sitzen auf den Ästen.
Die Erde will sich wälzen, will sich mästen
an Reispapier und roten Feuermeldern.

In Cocktailshakern wird die Fledermaus
vom jähen Kesselpaukenschlag erwachen
und Glanzfasane über Schädeln lachen.
Die Zukunft schnürt ihr Bündel, zieht hinaus,

wird auf Traktoren ihren Tag verschlafen
und eine Erde träumen, die noch nicht
verzweifelt ihren eignen Hunger frisst.

Und in den Kränen überm grauen Hafen
sehnt sich der Morgen nach antikem Licht,
das nur der Hauch der nackten Venus ist.

Das Lied vom Wasser

Für László Jávor und Rezsö Seress

Nichts existiert, nichts Materielles, nichts.
Und alles Leben ist nur eine Seele,
das Paradies, das Licht des Weltgerichts
und Asche quälen eines Sängers Kehle.

Du bist das Wasser, das sich selber wiegt
zu deinem Lied, in deinen eignen Armen,
das durchs Ertrinken eines Sängers zieht
und ihn ins Lied zwingt und in dein Erbarmen.

Er schläft auf dir und träumt dich weltverloren.
Nichts existiert, nichts Materielles, nichts
das sterblich ist, wird in den Tag geboren
und nur die Seele wiegt im Schoß des Lichts.

Aus Athen

Für Aischylos, Sophokles, Euripides, Agathon,
Giorgos Seferis, Jannis Ritsos und Odysseas
Elytis, zerrieben zwischen den Worten

Dies ist die Zeit. Die große Zeit des Sterbens.
Auf jeder Schulter murren leise Käuze,
auf allen Wirbeln brennen kleine Kreuze.
Wir wurden müd des Rauschs und Silbenkerbens.

Und kaum gezeugt, sind wir dem Tod geweiht.
Man sät uns zwischen weißen Steinen aus.
Das Schweigen baut im Marmorschutt ein Haus.
Wir schlucken Kalk und Staub. Dies ist die Zeit,

die wasserklare Stunde der Gewalt,
des bangen Wartens und der Siebenschläfer,
Karossenschrott der alten VW-Käfer.

Jetzt rieseln Steine über den Asphalt.
Der Horizont verhält. Wir sind entsetzt.
Dort hinten naht die Zeit. Nicht später. Jetzt.

Johannisfeuer
Oden an die Einsamkeit

DER SOMMER IST GROß!
Verschenke ihn an Bettler
mit offener Hand.
Das Sein ist größer als du,
die Laus größer als alles.

Das Leben ist groß!
Wirf es weg, wenn du es liebst,
in die Reifenspur.
Liebe und Vergänglichkeit:
Schenk sie der nächstbesten Laus.

Trinke das Weltall
so lange du durstig bist.
Verschütte den Rest
an den Baum zum Hundekot.
Tu beides ohne Reue.

Am Thunersee

Glückselig wollte ich in dir ertrinken
und schmelzen in dein reines tiefes Blau.
Den Weg hinauf in Falkenvogelschau,
ein sanfter Bogenflug, ein halbes Sinken,

und wie ich unter den Coronen saß,
die eine Sonne warf wie gelbe Ringe,
erhob sich das Gebirg' in *einer* Schwinge,
um sich zu stürzen in dein Spiegelglas.

Das Glück, des Daseins Sommerferien:
es trägt den Schierling auf sich wie ein Boot,
und wie ein Becher bleibt es unerfüllt,

und scheu fast wahrt es die Mysterien.
Und so versank ich nur im Abendrot,
und Nebel hielt die Berge eingehüllt.

Blaue Nacht

Es ist so dunkelblau in den Alleen,
als schritte man durch Gänge späten Weines.
Wie Hochzeitszüge Glühkäferchenscheines
sieht man die Rücklichter der Autos wehn.

Doch hört man kaum Geräusche, ist wie taub,
vernimmt nur sanfte Klage: aus den hohen
Welträumen sinken Töne von Oboen
wie Wind ins silbergraue Straßenlaub.

Als wandle sich die Stadt in einen Garten
und tändelten Laternen durch den Mohn,
sieht man die ungehaltnen Lichter ziehn,

als zöge eine Gravitation
sie von gewundnen Autobahnabfahrten
in einen Strom erglühter Galaxien!

Erwachen

Die Nacht ist schwarz, von Fiebersternen schwer,
doch leuchtet lindgrün aus sich selbst die Wiese.
Die Nachtigall besingt das Farbenmeer,
nur leise flüstert eine Sommerbrise

und will den Pinsel in die Tusche tunken.
Da glüht der Morgen auf von Feuerfunken,
hell wie das Innere der Apfelsine:
es ist das Spiel der Mellifera-Biene.

Da streicht die Flamme über meine Haut
wie wilder Honig, dringt in meine Poren,
und Nerven glühn an meinen Fingerspitzen.

Die Sonne wird in meiner Hand geboren,
steigt langsam in die Eiben, singt und blaut
und will das Land mit ihrer Glut erhitzen.

Hohenschönhausen, am Stadtrand

Beton und Glas im Morgensonnengleißen
und Fieberglühen der Asphaltchausseen –
ein Fußmarsch von Minuten: sie zerreißen
wie weiße Schatten, sinken und verweh'n.

Es muss verfallen in den morschen Pflöcken,
eh wieder Zeit beginnt in dir zu lesen.
Ab Juni funkelt's auf den Bienenstöcken
wie Gold in Hunderten von kleinen Wesen.

Wenn man von dort die Schritte weiterlenkt,
kommt man durchs hohe Gras zur Dorfkapelle.
Im zweiten Weltkrieg wurde sie gesprengt.
Die Gräber schlafen in der Sonnenhelle.

Im alten Schuppen ist es drückend heiß,
dort tickt im Messingschlaf die Zugmaschine.
Im Gaukelflug ein Weidenkätzchen, weiß:
Eucera heißt die wilde Wiesenbiene.

Im Gartenland die Kirschgehölze schäumen.
Dort will auch ich einmal verwurzelt sein.
Der ganze weite Himmel scheint zu träumen.
Es fließt die Stille wie im Shinto-Hain.

Carnica

Ich sah in zarten Fenstern die Madonnen
wie Milch und Gold in Wasserlinsen tropfen,
im windgehauchten Glas die Adern klopfen.
Wie gaukelte Musik! Sie ist zerronnen.

Der Klatschmohn ließ sich gern von dir zerwüh-
len,
doch ohne dich bleibt meine Lunge leer
und sie erstickt an Nimmerwiederkehr
und will sich zwischen Wasserfenstern kühlen.

Eucera longicornis ist gestorben.
Der Storch im Apfelbaum trinkt seine Farbe,
so werden die Gedanken wieder weiß.

Die Äpfel schmecken heute Nacht verdorben.
Die Sonne klettert durch versengte Garbe:
ein Rotkehlchen im gelben Futtermais.

Sonnensaiten

I

Die Sonnenknospe ist zerborsten! Sie
zerfloss zum Horizont, zum weiten Rund.
Sie wurde zur Membran, zum Gong, zum Mund.
Sie sang den Abzählreim, die Melodie,

die auch der Krokus noch verhalten singt.
Er hat im Kelch die Sonne neu geboren.
Sie keimt in ihm, vollkommen weltverloren,
so wie ein Du im andren Du ertrinkt.

Sie flattert auf, Zaunkönig erst, dann Taube,
dann Storchenflügel, transparent im Hauch.
Sie liegt auf jeder Zunge, deiner auch.

Sie spiegelt sich in unsrer Augentraube,
hat sich auf Lippen wie ein Kuss gesonnt,
zerschmilzt in uns zu Lied und Horizont.

II

Heut Morgen sang die Sonne zur Gitarre.
Sie hing noch timbregrün im Chlorophyll.
Sie stieg wie eine Taube aus dem Müll,
dem Stahlgerüst, der leeren Mörtelkarre.

Ich habe sie belauscht: sie sang von Händen,
von uns und unsrem ängstlichen Erzittern,
von Fingern zwischen Flügeln und an Gittern,
auf weichgecremter Haut an kalten Wänden.

Von Bienen sang sie auch. Ihr großes Thema
jedoch war der Asphalt, die Last der Toten,
die große Liebe: Menschen! Wir allein,

Genmanipulation, Matrizenschema.
Und doch für sie, die Sonne, sind wir Noten,
und sollten nun beginnen, Lied zu sein.

III

Die Sonne sang mit einer Vogelkehle,
die war im Innern dunkelrot und wund.
So küsste sie mich heiß und Mund an Mund
spie sie Coronen hell in meine Seele,

und in mir flossen ihre Wasserfälle
so ätzend, dass ich mich verbrennen wollte,
damit mein Herz in Samt und Dunkel rollte
wie eine schwere Kugel in der Welle.

Die Fenster, Autostraßen in den Lichtern
 – ich weiß, sie wollen nicht mehr wirklich sein –,
ertrinken gierig in den Augentrichtern,

und mischen sich in den Kometenschein.
Und mir ergeht's wie vielen Liederdichtern:
Ich strudle in ihr Flammenspiel hinein.

La Corrida

Durch Tunnel Lichtes lässt die Angst ihn rennen.
Resignation und Panik sind zwei Achsen.
Schmerz und Verzweiflung lassen Flügel wachsen,
in deren Flammen seine Flanken brennen.

Und selbst die Sonne hat nur Gift zu bieten:
Sie strahlt ins Rund mit ihrem Fieberglanz.
Der Stier verschäumt sich irr in seinem Tanz
inmitten unsrer Pulse, Schreie, Riten.

Wir sehen wie ein großes Auge bricht
und möchten vor dem Tod zusammenkauern.
Wir finden unsre eigne Seele nicht.

Durchlässig sind wir für Kometenschweife,
zerrüttet von zu vielen Nervenschauern
und Fäulnis mitten in der Apfelreife.

Spanisches Lied

Das Meer entriegelt deine Brüste.
Wie man Lerchen verschlingt,
durchziehen dich Böen.
Zwei Hände voll Anemonen:
so gelb ist der Schlaf.
Und eine Herde gepeinigter Hengste
stürzte hinunter ins Tal,
die Stirnen voll Sommer.

Stier aus dem Meer

Ohne Kehlen voller geborstener Saiten
wären die Rosen nicht Rosen,
deine Schläfe kein Ibis im Birnbaum,
meine Stirn keine brüllende Schlucht.
Ohne Keller in denen die Sehnsucht verdirbt
wär mir kein Flügel aus Staub,
wär ich kein Stier aus dem Meer
mit Kastanienhoden und Weichen voll blutigen
Laubs,
nur ein Kind, vielleicht ein braunes,
gewiegt in den Messern der Felsen.

Iberisches

In den Achtzigern war es: wir kamen aus Norden,
wie früher schon Rolands verwegene Franken
um Spaniens schneeweiße Tauben zu morden.
Uns rannen Gebirgszüge über die Flanken.

Vergitterte Erker verströmen die Lüfte,
damit man Albertis und Lorcas gedenkt.
Wir streichen dem Mittelmeer über die Hüfte
und werden mit Bougainvillea beschenkt.

Dann weißer und weißer werden die Städte:
Papageien, Klavier in geschlossenen Läden.
Geheim ist die Zeit an den Wassern der Lethe.
Verlassen webt Cordoba Spinnenfäden.

Momentanes natürlich, denn wir waren Touri-
sten.
Die Corrida hatte uns traurig erregt,
maurische Scherben und Spiegel der Christen,
im Guadalquivir schweigend und sachte bewegt.

Libelle

Als wär die Brücke schwierig zu beschreiten,
so saitenschmal vom Nimmermehr zum Bald,
wie zwischen Taubenblau und Schierlingswald,
so sah ich dich in die Coronen gleiten.

Im Stroh, in Blätterrispen, Flügelschatten,
blieb dein Kokon, gefüllt mit Gestern, hier.
Das Gaukelspiel der Zeit kam auch zu mir,
zog Fischernetze über Gehwegplatten.

Wir straucheln – ich im Laufen, du im Flug –,
wir taumeln durch den leichten Blütenschaum
und sind doch beide Schlüssel *einer* Tiefe.

Wir geben uns dem Wind und Selbstbetrug,
als wenn uns niemals eine Stimme riefe,
wie ein Vibrieren am Gewittersaum.

Italienische Impression

Ein Jahr der Trauben: Weingehänge Glückes,
voll dunklen Blicks – von Kindern oder Rossen –
Ein Jahr wie Milch in diese Welt gegossen,
von fern Fragmente eines Flötenstückes.

Hügel um Hügel honigsatte Welle,
in welche manchmal heller Regen schmolz,
am Wegrand eine winzige Kapelle
aus gelbem harzberauschten Kiefernholz.

Die Nacht brach an. Es bäumte sich der Berg,
so wie sich Wellen und Delfine bäumen.
Im Dorf erglühten Fenster und Laternen.

Und in das Dunkel stieg ein Feuerwerk,
da sah man oben in den kalten Sternen
betrunkne Blumensträuße sich verschäumen.

HEIẞE KIRSCHEN, Haselnüsse
strömen durch das Sein,
Sommergluten, Lavaküsse,
Stunden wie Pistolenschüsse,
helle Daseinspein.

Drosseln blühn in Hosentaschen,
flügge hinzusterben.
Boote knospen bunt in Laschen.
Blaue Flaggen will ich haschen,
hier am Kai verderben.

Taumellyrik will ich schreiben,
mich in Schaum zersingen,
mich an späten Tagen reiben,
in der Seifenblase bleiben,
dann im Wind zerspringen.

Groß genug war dieses Leben,
vollerhand verschwendet.
Weit das Land und still die Reben.
Ferne will die Erde beben,
wenn der Sommer endet.

KIRSCHBAUM, lass mich in dir hängen,
brennen soll mein Sehnsuchtshaar,
soll die Wangen mir versengen,
weil ich wie der Sommer war:

Sommer war ich zwischen Zäunen,
hungerte so arg nach dir,
wollte in den Toten bräunen,
ferne atmen, singen hier.

Singen wollt ich meine Lieder,
die so schnell ertrunken sind,
sanken in den Abendflieder,
Funkenflug in Spreu und Wind.

Mit dem Licht als Messerklinge
amputier' ich mir die Zunge,
dass ich helle Flammen singe,
Feuerglut in meiner Lunge.

Aschenflügel, leise Schwingen,
Harfen habe ich geliehn.
Für die Toten will ich singen,
fort, nur fort ins Schweigen ziehn.

Heimatlos

Seit ich dich liebe bin ich heimatlos
und bin an meinem Herzen fast erfroren.
Nachtstimme will ich sein und Rausches Ohren.
Weithin brennt Weizen. Gottes Zorn ist groß.

Weithin brennt Weizen, sprüh'n die Nächte bunt
von Sternen, Blättern, leuchtenden Korallen.
Nach meinem Rücken haschen Katzenkrallen.
Kometen reißen meine Schultern wund.

Im weiten Dröhnen Ozeans versanken
Boote aus Glas wie ruhige Gedanken
und meiner Klagelyrik Blätterfloß.

Die Stirn wird weich, als wär ich nie geboren.
Seit ich dich liebe, bin ich heimatlos
und bin an meinem Herzen fast erfroren.

ICH KAM ALS HÖCKERSCHWANKOMET GEFLOGEN,
als Fötus klatschte ich ins Schulgebäude.
Es wand sich angewidert, voll von Räude.
Der Schwanz war unter seinen Bauch gebogen.

War ich erleuchtet und von Gott verklärt,
so hab ich's in Berlin-Neukölln verloren.
Ich wurde hinter'm Tresen neu geboren
und hab mich auf den Pizzen selbst verzehrt.

Seitdem versinge ich mich in Gedichten
und latsche über'n Kudamm hautverbrannt,
wie durch ein wildes, knochenweißes Land,

und muss auf eine Wirklichkeit verzichten,
um mit der Wahrheit in mir selbst zu kegeln,
am Wannsee unter birnenmilden Segeln…

Obdachlos

Ich war noch jung. Ich fuhr ganz ohne Richtung
in einer U-Bahn zickzack durch Berlin.
Ich lag im Mittelgang auf meinen Knien,
denn gings nicht gradewegs in die Vernichtung?

Ich selbst war Poesie. Es war die Dichtung:
sie ließ mich vor der Glut ins Feuer fliehn.
Auch schrumpfte ich von Tag zu Tag. Es schien,
als sei die Seinsverflüssigung Verpflichtung.

Ich bin aus Glas und Rauch, bin ganz durchzogen
von Adern, rot und blau, von Nerven, Sinnen.
Noch in der U-Bahn wär ich gern geflogen,

doch gab's kein Außen, immer nur ein Innen.
Doch nun zerschmelze ich im Prismenbogen,
verliere mich, anstatt mich zu gewinnen.

Die weiße Amsel

Ich wurde im verfilzten Haar geboren
des Obdachlosen, als er stehend starb
in einer U-Bahn. Jeder Hauch verdarb
und alles Flüstern wurde abgeschoren.

Da flog ich aus dem Bahnabteil hinaus
durch Tunnel unterhalb der Innenstadt
in einen andren Zug – ein weißes Blatt,
gleich einem Taumel, einer Fledermaus,

fiel schwindlig aus dem kühlen Chromgestänge
in eines jungen Mannes dichtes Haar,
der hingegeben Aischylos studierte.

Und als ich so auf ihm gelandet war,
da sprang er aus der stillen Menschenmenge,
worauf er Chorgesänge deklamierte.

BIN ICH DER WEIßE SPATZ im Bahnabteil,
der zärtlich zwitschert, obgleich blind und taub,
gejagt von Türkenkindern in den Staub?

Berliner Fernsehturm erhebt sich steil,
verschwimmt. Die Lichter gehen an und aus.
Eisdielen kennen mich als Fledermaus,

die hinter die erhellten Tresen stürzt,
als taumelte ich alkoholzerrüttet.
Wie Troja sinkt die Stadt, von Zeit verschüttet,
die sich im Fotografenblick verkürzt.

Sag: wachsen mir schon Flügel aus den Ohren?
Gehöre ich der Zeit, dem Raum, der Stadt?
Sie frisst mich auf, doch wird an mir nicht satt.
Bin ich nur Schein und wurde nie geboren?

Trambahn

Es dämmert schon auf der Nachhausefahrt.
Fenster für Fenster gehen Lichter an,
dass man Büros und Zimmer sehen kann,
in den Museen Skulptur und modern-art…

Wie Wahrheit selbst, Laternen grell und hart
beleuchten Kegelschnitte. Dann und wann
zoomen sie Dasein an den Blick heran:
die Lesende… den Trinker, Bier im Bart.

Flüchtige Szenen haften in Pupillen:
in ihren Süden ziehn in weiten Wellen
die Gänse durch den Wolkenmauerwall.

Ich such im Abendgrau die Spur des Hellen,
im Momentanen einen großen Willen
und Schönheitsblüten mitten im Verfall.

NEHMT MICH! Vermischt mich mit dem Futter-
                                        mais,
dann glühe ich den Stieren aus den Augen
und Kälber werden mich aus Eutern saugen.
Dann werde ich Natur und Nahrungskreis.

Streut meine Asche in den Ozean,
dann werde ich ein blauer Oktopus,
weil alles Leben sich doch wandeln muss
und weiterbrennen muss im Liebeswahn.

Nehmt mich und mauert mich in eine Brücke:
ich halte atlasgleich die Konstruktion
und unter meinen Armen sterben Föten.

Nehmt mich als Kitt für eine Wissenslücke.
Bezahlt mit mir den Mindestarbeitslohn. –
Ich bin in euch und niemand kann mich töten.

DIE JUNGE KATZE spielt mit meinen Händen.
Aus ihren ernsten Augen blickt die Zeit
mit Schneegebirgen klarer Einsamkeit.
Der Winter atmet aus den Wolkenwänden.

Ein blauer Wind stürzt aus den weißen Kegeln.
Die Zeit sitzt lauernd vor dem Mäuseloch.
Stromkreise grinsen und zerteiln mich noch
für ihre Saat aus meinen Fingernägeln.

Das Kind der Katze hascht nach einer Maus.
Ich stehe auf dem weiten Feld allein
und treibe Schäume weißer Blüten aus.

Aus meinen Lidern keltert man den Wein.
Der Herbst streut seine weiten roten Schatten,
und große Katzen jagen fette Ratten.

GESTÄNDNISSE legte ich ab,
Akten um Akten,
Staub um Staub.

Wenn du in ihnen blätterst,
in der Amtsstube, abends,
flattert die blutrote Amsel aus ihnen
aufs Fensterbrett und von dort
durch die Gitterstäbe fort.

ICH BIN EIN GOLDFISCH von Paul Klee gemalt.
Willst du mich auf den Märkten filetieren?,
mit meinem Flitter deine Haare zieren?
Hast du mich schon mit deinem Blut bezahlt?

Gern schwömm ich der Kon-Tiki hinterher,
Tarita Teriipaia zu besuchen.
Was muss ich tun, um einen Flug zu buchen
durch ein entkiemtes grelles Wüstenmeer?

Nun hänge ich geklont in Zahnarztpraxen.
Gern spräng ich in die Schirme der Platanen
und segelte in bunten Mobiles.

Du kannst mich in die Stratosphäre faxen.
Was weißt du schon von meinem dunklen Ahnen,
der möglichen Zerrissenheit Paul Klees?

DU TRÄUMTEST MEINEN TRAUM VON DIR:
aus Atem eine Brücke,
ein Drosselschlag von dort zu hier,
im Zeitlauf eine Lücke.

Das Dasein träumt mir einen Tod.
Er zwitschert mir vom Leben.
In seinen Locken glänzt es rot
von Tausendschlaf und Beben.

Der Pfau nahm Brot aus meiner Hand.
Ich seh ihn Wasser trinken,
an deines Atems Becherrand
im eignen Blau versinken.

Auf der Hallig

Jahreswechselbirnen
reifen am Orkan.
Zwischen den Gehirnen
fliegt der Auerhahn.

Deine Augenbrauen
sind wie Jenseitsbrücken,
die im Winter tauen
in den Mauerlücken.

In der Hand geborgen
zartestes Vielleicht:
Keim von Übermorgen,
schon fast aufgeweicht.

Was in dir verschlungen:
Kiebitzflug im Ried –
unter Möwenzungen
trägts mich heim ins Lied.

Poetik

Ein Vers muss eine Saite sein,
ein Hungervogellied.
Dein Kuss webt eine Welt hinein
aus Strahlenklang und Sinnenschein,
durch die dein Wesen zieht.

In den Versen taumeln trunken
Nachtigall und Klinge,
in der warmen Nacht versunken.
Lyrik will den Pinsel tunken
in die Wasserringe.

Die Strophe ist ein Gartenland,
das blüht von Metastasen,
ein Schierlingsbecher, bis zum Rand
voll Durst und Sehnsuchtswüstensand
und hellen Halbschlafphasen.

Die rhythmische Verworfenheit,
das goldne Menschheitslicht,
ein Puls, der schweigt und singt und schreit,
ein Herz, das Eruptionen speit,
vollenden das Gedicht.

Ein Lyriker muss Gärtner sein
der wilden Sehnsuchtsbecher.
Er atmet ihnen Düfte ein,
wird *diesem* Spiegel, *jenem* Wein,
sich selber Wind und Fächer.

METAPHERN sind zerbrechlich, flüchtig, scheu.
Du darfst sie nicht mit deinen Fragen färben,
sie würden unter deinen Pinseln sterben.
Für's Leben sind sie zu detailgetreu,

sind individuell wie Fingerkuppen
und prägen manchmal ganze Künstlergruppen,
sind Ewigkeiten, fallen aus den Uhren,
um als verkaufte Zeit mit uns zu huren.

Seit wir die Meere ausgemessen haben,
sind sie erstarrt auf unsrer Retina.
Was Sehnsuchtstiefe war, zerrinnt als Sand.

Wir sollten nicht in der Bedeutung graben.
Sie starb mit unsrem Gott in Golgatha,
und ging aus Emmaus. Fast unerkannt.

An meine Gedichte

Ihr seid nicht Kinder, doch Entäußerungen
und tragt oft Masken vor der Ehrlichkeit,
seid funkelbunt wenn alle Menschheit schreit,
die je hat um die Existenz gerungen.

Ich träumte letzte Nacht vom Untergang:
ihr wart wie meine Hände noch bei mir.
Verwandte, Freunde waren auch kurz hier,
als all das Liebgewohnte schon versank.

Ihr habt euch mit mir stolz empor gebäumt.
Ich fühlte meine Kiefer schon erkalten.
Zu Hall und Name wurde jedermann.

Ich habe letzte Nacht vom Krieg geträumt,
da hab ich euch zuletzt im Arm gehalten,
so wie man nur sich selber halten kann.

Spätsommerabend

Es gibt nur Heiliges und großes Weh.
Profanität ist eine Illusion.
Das weiß ich, wenn ich stille Wege geh
und meine Lebensstunde neigt sich schon.

Die tiefe Sonne sprüht ihr Licht in Funken.
Der Abend spült die Schatten in das Feld.
Über die Schuhe winziggraue Unken
huschen hüpfend – kamen grad zu Welt.

Der gold'ne Eros ist ans Kreuz genagelt,
und senkrecht blickt hinab das Meer der Ruhe,
wie ein Tsunami plötzlich stille steht.

Lausche dem Kronos, wie er oben geht:
über Platanen hat sein Wind gehagelt.
Unter den Schirmen warten meine Schuhe.

Neinstedt, Ostharz

Sie spannt sich vom September zum Café.
Ihr Bogen spiegelt sich in Fensterscheiben.
Durch Brillengläser springt ein junges Reh
Sekunden nur, und kann doch Brücke bleiben.

Ich lauf zurück den Mühlbach bogenüber.
In silbernen Kaskaden rauscht die Zeit.
Getuscht ein Steg nur geht vom Jetzt hinüber
in eine regentrübe Einsamkeit.

Noch sichtbar unter meinen Schritten: Planken,
die in den Monaten im Blick verschwimmen.
Der Schuh im Dunst ertastet eine Lücke.

Wie Trinker sehe ich die Jahre wanken
und höre Stürme die Gitarren stimmen.
In meinem Innern harrt die Jenseitsbrücke.

Auf Rügen

Mit meinen Schläfen voller Amethyste,
versteinte Trilobiten in den Lenden,
den Muschelkalk der Städte in den Händen,
glitt ich zurück an flügelhelle Küste,

trat aus den Spiegelmauern der Kubisten
hinaus an katzenaugenlichte Strände,
sah flussquarztransparente Wolkenwände,
ertappte Engel, wie sie Segel hissten,

sah Möwen schaukeln über Wogenkämmen
und träumte Ichthyornisvögel her
auf Urzeitschwingen, schwanenflügelweit,

spiegelte mich in ihren Augengemmen
und glitt mit ihnen übers Zeitenmeer
hinaus in eine blaue Einsamkeit.

Polare Vision

Der Mond, er kommt der Erde immer näher
und füllt den Himmelsraum gigantisch aus.
Im Waldesdunkel klagt der Eichelhäher,
sein bittres Lied geht in den Schnee hinaus.

Zum Spiegelengel ist die Welt gefroren,
des Doppelsternes Tundren silberstill.
Nur dann und wann wird noch ein Schrei ge-
                                        boren,
weil selbst der weiße Hag gehört sein will.

Du wehst so fern, mein blau und golden Banner,
aus dessen Mitte der Gehenkte blüht.
In meinen Haaren nisten Birkenspanner,
dieweil mein Herz in seinen Frühling zieht.

DIE BITTERKNOSPE, die am Gaumen wacht,
der Schuppen mit den frisch geteerten Kielen,
die Plastik-Putten, die den Wind zerspielen,
der Marmorphallus, der dazwischen lacht –

Ich will den Frühling anders, gierig, trinken,
als hätte ich ein Maul von Horizonten,
inmitten von geschund'nen Mastodonten,
die blutig in die Sonnenmeere sinken.

Im Tau erwachen neue Motorhauben
und grinsen gegen all die pittoresken
Burgwälle, Fachwerkhäuser, Gartenlauben.

Schallmauern grollen hin im Mühlengraben.
In meiner Stirn verglühen Sternenfresken,
die ihre Lesbarkeit verloren haben.

DIE WIRKLICHKEIT: sie ist mein totes Kind.
Es schwebt im See, dicht unter seinem Spiegel,
in meinem Mund, direkt am Lippensiegel,
im Schluchzen, wo die Uferschlehen sind.

Die Locken duften nach Basilikum.
Es dreht im See sich lustig um und um,
und dennoch kann ich nicht mehr drüber lächeln,
obwohl ihm Duineser Engel fächeln.

Im Tod ist es noch wirklicher geworden,
als stünde es kurz vor der Auferstehung
und wartete auf seine Lichtsekunde,

dann will das Wasser in mir überborden.
Ich lege Rosmarin auf seine Wunde,
verharre schweigsam in der Schneeverwehung.

Kein Ort, nirgends

Ich kleide mich in Menschenhaut
und bin im Innern Wind,
der weiß durch meine Augen schaut
und der in deinen Händen taut,
die warm wie Sommer sind.

Ich aber suche einen Ort,
den Christa Wolf nicht fand.
Er blüht nicht nirgends, kaum im Wort.
Mich reißt es von den Straßen fort
in ein gehauchtes Land.

Gelang ich je an einen Hafen,
der wie ein Mädchen lacht?
Wo sich zuvor die Gischten trafen,
wollt ich in Äpfeln mit ihr schlafen,
bis hell der Tag erwacht.

KELLER, REGENDACH UND TONNE
faulen hinter Zaun und Hag.
Sonne gischtet an um Sonne,
spült dich in den weißen Tag.

Etwas bleibt im Wasserkreisen
wurzelfest und nicht bereit,
auf der Welle weit zu reisen
in dem Strom zur Ewigkeit.

Wird dein Atem drein sich winden,
strudeln mit der Sternennacht?
Frieden kannst du doch nur finden
in des Stromes Zug und Macht.

Hat der Sturm auch abgeschoren,
was zur Liebe war bereit:
deinen Mut hat er geboren
und aus Weisheit Tapferkeit.

KNOSPEN, BLICKE, BOOTE, MORGEN,
Düfte von Kaffee
wollen ums Erwachen sorgen,
eine Neugeburt mir borgen:
Hauch aus Glück und Weh.

Blicke, Knospen, Morgen, Boote
vorm Kaleidoskop.
Scherbenbild, geliebte Tote,
letzter Ton, finale Note,
die ein Du erhob.

Morgen, Boote, Knospen, Blicke:
alle sind berauscht.
Briefe, die ich an dich schicke,
bis ich an dem Licht ersticke,
das sich mit mir tauscht.

WIE GERN SPIEL ICH DIE GRILLENVIOLINE,
bis um mich her der Samt der Nacht zerreißt
und mich der Morgen in die Fremde weist,
die Nervenbahnen voller Schlaf-Morphine.

Abschied zu nehmen, raten alle Dinge:
aus Regenwolken dringen Kleidermotten,
die Straßenkinder wollen mich verspotten,
weil ich so lustig in die Pfützen springe.

Ich muss mir viele Fehler eingestehen:
die blaue Süße dieser Welt zu finden,
mich vor Cafés an Liebe wund zu reiben…

Ich wünsche mir, für immer fort zu gehen,
aus den Erinnerungen zu verschwinden
und in ein weites Nie hinaus zu treiben.

Oden an die Einsamkeit

I

Vorm nächsten Bahnsteig spring ich aus dem Zug,
mit seinen Jacken voller Selbstbetrug
und seinen toten Amseln im Getriebe.
Ich roll ins Gras, als gäbe es die Liebe.

Der Wind entkleidet mich in Brombeerreben.
An meinen Armen bleiben Blätter kleben.
An allen Dornen lass ich meine Haut,
bis dass mein Selbst als Apfel aus mir blaut.

An meinen Schenkeln heulen Fuchs und Wiesel.
Die Sohlen bluten Flammen ins Geschiebe,
so leuchten vogelbeerenrot die Kiesel.

Mein Flug ist frei, weil ihn kein Wind mehr hält.
Und wenn mein Atem in ein Lächeln fällt
wird alles hell, als gäbe es die Liebe.

II

Nur das ist Glück: für mich allein zu sein.
Ein stetes Reiten auf vertrauter Welle.
Am Morgen weckt mich meine Seelenhelle
kaleidoskopisch über Bucht und Hain.

Wie geht das: nimmer die Balance verlieren?
Auf langer Farbenreise mich verträumen?
Im Krebsgang zwischen Wald- und Ufersäumen
mich mit den Blüten meines Selbst zu zieren?

Mich wie das Echo über Schluchten schwingen,
mit einem Lächeln durch den Schützengraben
wie von Girlande durch Girlande gehen –

Nur das ist Glück: mich selbst zum Freund zu
                                        haben,
im Sonnensturm das Menschsein zu zerwehen,
nur, um als Lied mich selbst darin zu singen.

III

Mein Schritt lässt auf Pangäa Wege wachsen.
Aus meiner Schulter wächst die Pfefferschote
und unter meinem Blick entstehen Boote,
und Sonnenräder gehn an goldnen Achsen.

Kein Du ist hier, um daran zu verbittern.
Die Schienen gehen still ins weite Land:
sie führen meinen Puls zum Meeresstrand,
auf dem wie Kugeln Räume lustvoll zittern.

Im Flussquarz ging der Daseinssinn verloren:
er plätschert mit den Bachforellen hin,
als wenn sie wie Sekunden ewig wären.

Und keine Mutter hat mich je geboren,
weil ich im Bienenschwarm wahrhaftig bin
und oben in den blauen Montgolfieren.

IV

Was braucht der Mensch? – Nur leben, schwim-
men, treiben,
nur zwischen beiden Uferspiegeln bleiben,
sich selbst entziffern und im Innern lesen,
ganz ichlos, dulos, Atem, Licht und Wesen,

ganz nahe am Verlöschen ewig sein,
für sich allein das ganze Sein erfüllen,
das Füllhorn, Gottes Atemquell enthüllen,
sich auszuhauchen, weltlos und allein,

die Finger Kormorane werden lassen
und zwischen ihnen mit Libellen spielen
und Engeln, die aus ihrem Jenseits fielen,

bis Schwarm und Wellenlicht den Leib durchdrin-
gen,
dann ist kein Mensch und nichts kann ihn erfas-
sen,
dann braucht er nichts als sterben, atmen, singen.

V

Ich fühle weiße Stille um mich strudeln,
als wäre mein Erwachen eine Reise.
Das Blässhuhn stößt an meine Wange leise,
doch Zeit und Wasser kann es nicht besudeln.

Ich werde transparente Monde pflücken
und jeder soll wie eine Stunde sein.
Sie wachsen schon in meinen Mund hinein.
Ich treibe in die Weite auf dem Rücken.

Wer stieß mich an und trieb mich in die Zeit?
Wer legte Feuer, ließ es auf mir brennen?
Wer sprach das Amen, als ich mich gebar?

Wann ist mein Herz zum Glockenschlag bereit?
Wann wird die Stunde meinen Puls erkennen?
Wann weitet sie sich in ein Vogeljahr?

VI

Es ist so lind im See. Die sachte Welle
ist eine laue Hand in meinen Haaren
und liegt quecksilbern in den Kapillaren,
in Perlmuttschimmer, Dämmerlicht und Helle.

Wo ist ein wahrer, wo erträumter Ort?
Ich weiß in Ufernähe eine Stelle:
im Schilf erwacht Libelle um Libelle.
Da ist mir wohl, denn heut' ertrank ich dort.

Traumspiegel

Du schlägst die Augen auf in früher Stille,
weil eine Taube dich, Seerosenteich,
aus deinem Jenseits weckte. Und sogleich
dunkelt fast schwarz im Blick dein sanfter Wille

und spiegelt Wälder, Ufer, windumstellt,
durch die mit sachter Hand der Morgen streift
und lautlos braunen Flugs die Eule schweift.
Nach Honig duftet lind die alte Welt.

Aus Wasser ist mein Herz, vielleicht aus Glas.
Dein Atem ist hingegen klarer Spiegel,
der jedes Wesen unsichtbar durchmaß.

Du küsst auf meine Stirn dein helles Siegel.
Ich lächle dir aus dunkelblauer Wiege,
begrüß den Tag solang ich in dir liege.

ZUR STUNDE, DA DIE ZEIT ZU NICHTS ZERRANN,
da wurde ich zum letzten Mal geboren.
Und zwischen Wurzeln lag mein Puls verloren,
als Knospengrün die Ewigkeit begann.

Unter der Zunge wollte sie entfalten
zunächst ein Lied, nur Kindermelodie,
da wurde meine Stirn zur Symphonie,
zerbarst zu Sternen, konnte nichts mehr halten.

Der Himmel spiegelte die Nimmerstunde,
und in mir träumte tief ein Ozean
und meine Stirn war strahlenfächerweit.

Ein Schwarm von Kolibris zog seine Runde.
Die Zeit war fort, ich starb im Löwenzahn
und schmolz wie Glas in meine Wirklichkeit.

Ideenmahd

NUN DARF DER SCHLÜSSEL WIEDER SCHLÜSSEL SEIN,
braucht keine Türen schließen vor dem Wind,
weil unsre Adern alle offen sind
und alle Pulse lassen Duft hinein.

Der Schlüssel wird Symbol für Offenheit.
Durchgängig für das Glück wird jede Haut,
wenn unsre Stirn als Sonnensegel blaut.
Und die Gedanken werden leicht und weit. –

Das hoffe ich, wenn ich am Bahnsteig stehe,
wie Seelen weiße Spatzen flattern sehe
aus schweren, scharfen Rädern von den Zügen.

Ich sehe wie ein Hauch den andren trifft,
wie sich auf Lippen formt die Daseinsschrift
und Nähe wird in atemlosen Flügen.

Morgen am Kai

Seepferdchen, weiß, gebären blaue Sonnen,
die in Girlanden sich an Pfähle klammern.
In Schuppen, Lagerhallen, Vorratskammern
hat der Choral des Lichtes schon begonnen.

Die Hafenmole räkelt sich am Morgen.
Ihr Traum von altersdunklen Äpfeln schwindet.
Im warmen Schatten liegt sie halbverborgen,
der sie in ungeborne Farben bindet.

Wie Haar im Südwind flattern Fischerboote,
die bunten Planken in das Licht getuscht,
das wie ein Wiesel durch die Taue huscht.

Der Tag, der an den Füßen lavarote,
steigt als Fontäne ins bewusste Leben,
und wir sind nackt dem Dasein preisgegeben.

Mystische Implosion

I

Wir alle sind bestimmt zum Implodieren,
nicht nur der Mensch, nein, selbst
                                  Mikrobenwesen.
Zunächst doch gilt es, Lyrisches zu lesen
und tief im Atomaren zu studieren.

Bevor Moment und Zelle sich verschlingen,
im Liebesakt sich zueinander beugen,
um, sterbend schon, das reine Nichts zu zeugen,
muss alles jubelnd strahlen, sausend singen!

Das ist der Traum des Überexistenten,
der sich in seine vielen Träumer rief
– Durchgänger in den eigenen Segmenten –,
der in sie sickerte, dieweil er schlief.

So prägte er sich ein in deine Seele,
und Antwort kam aus einer Drosselkehle.

II

Opfere deine Seele in den Hauch,
atme sie aus und stirb und lass dich los.
Du selbst bist Erde, Wasser, Mutterschoß.
Wenn du ertrinkst, dann schmilzt das Weltall
                                            auch.

Nun gib den Atem deiner Seele dar.
Sie leuchtet ewig und wird immer bleiben.
Lass sie auf Hauch und Welle wiegend treiben.
Sie träumt nur, dass sie wird und ist und war.

Nun atme ein, denn du wirst auferstehen,
du wirst dich zeugen und auch selbst gebären
und schöpfend in die eigne Schöpfung gehen.

So tanzt du auf und ab in den Atomen,
und bist die Sonne in den Chromosomen.
Du wirst sie füllen und auch wieder leeren.

III

Du bist ganz eins mit dem, der vor dir war,
weil es für dich niemals ein Vorher gab
und keine Zeit brach über dich den Stab.
Du schufst dich rein und heiter, wasserklar,

und bist die Seele selbst, auf der du treibst.
Du bist der Geist des Wassers, das dich tränkt,
du bist das Glück, das sich an mich verschenkt,
weil du als Quell in meiner Quelle bleibst.

Lass mich erlöschen in dir und versinken,
wenn ich vom Floß in deine Spiegel tauche
und du mich hauchst, wie ich dich in mir hauche.

Wenn sich mein Körper löst von meinem Wesen,
ein Tanz mit dir, Synthesen in Synthesen,
dann muss das Wir auch in sich selbst ertrinken.

Wir sind nur Hauch

I

Wir sind nur Hauch vorm Abgrund der Epochen,
sind eben aus den Meeren erst erwacht.
Im Schatten haben wir uns selbst erdacht.
Das Licht hat über uns den Stab gebrochen.

Wir sind noch jung und voll von Ozeanen.
Kaum schmolzen Kiemen unter unsren Wangen,
sind wir im eignen Fischernetz gefangen,
und Sterne faulen grün in unsren Bahnen.

Und doch blüht Gott in unsren harten Händen
und duftet im Geheimen nach Jasmin.
Und Brot in unsren Mägen ist er auch.

Und wir sind Wind an den Tsunamiwänden.
Wir wollen wieder mit den Schwärmen ziehn,
ein Gotteshauch gewiss, doch nur ein Hauch.

II

Ein Gotteshauch gewiss, doch nur ein Hauch
sind wir, wie es das Dasein uns bestimmt,
ein kleiner Docht, der in den Sternen glimmt,
im Morgenwind ein unsichtbarer Rauch.

Und doch wird eine Macht zum Wellenbrecher,
die auch in uns vor lauter Sterben schreit.
Zum Umtrunk steht der Schierling uns bereit
und rauscht zum Bruderkuss im Henkelbecher.

Kristallamphoren, zart und hochgeblasen,
Frontschweine sind wir und Etappenhasen.
Der Kosmos streicht und füttert unsren Bauch.

Und Engel sind wir, wild und gottergriffen
an den galaktischen Korallenriffen –
und Steine, Gräser, Wurzeln, sind wir auch.

III

Ja, Steine, Gräser, Wurzeln, sind wir auch.
Grundsteine sind wir für die bunten Moose.
In unsren Achseln blüht die Herbstzeitlose,
Und zwischen allen Stauden sind wir Lauch.

Wir greifen tief in unsre Erde ein
und wirken in ihr wie ein Kompostat.
Wir sind Chirurg, Paketgarn für die Naht,
sind Weg und Falle, Wurzel, Stolperstein.

Wir sind aus Erde – und auch wieder nicht.
Wir wollten Reinheit und wir wurden Bruch.
Wir sind Gravur, tief in uns eingestochen.

Und wir sind Mörder, Gitter und Gericht.
Wir sind der Kaufpreis und der Widerspruch.
Wir haben mit dem reinen Sein gebrochen.

IV

Wir haben mit dem reinen Sein gebrochen.
Im Grunde sind wir Tiere, sind wir Pflanzen.
Im Steinkreis wollten Teufel mit uns tanzen
und haben schnüffelnd uns im Schritt gerochen.

So war es nicht. Wir waren eingebunden
in alle wilde Unschuld der Natur.
Wir trugen Gottes Mal und Gottes Spur,
und haben uns begattend selbst gefunden.

So ist es nicht. Wir sind ins Netz verstrickt.
Wir wollten aus dem Kreislauf. Unbedingt.
Wir wollten fliehn. Wir haben's nicht gekonnt.

Doch war es so? Ein Land hat uns erblickt,
das immer noch in unsrem Blut ertrinkt.
Wir sind nur Hauch auf einem Horizont.

V

Wir sind nur Hauch auf einem Horizont.
Wir sind nur Flor und haben Angst vorm Sterben.
Wir sind ein Mosaik von Spiegelscherben,
in denen sich der Bauch glückselig sonnt.

Wir sind Monsun, Boreas, Wüstenwind,
ein Darmwind brennt in unsren Windungen.
Und Stolz auf unsere Erfindungen
lässt uns erglühn. Wir sind die, die wir sind.

Wir bauen Häuser in der Sonnenflut,
befreien unsre Pulse aus der Enge!
Aus Todesangst ist jede Tür vernietet.

Die Straßen kochen über vor Gedränge,
der Horizont ist schwarz von Fliegenbrut,
wie die Planetenkrümmung ihn uns bietet.

VI

Wie die Planetenkrümmung ihn uns bietet,
so weit erstreckt sich unser Lebensraum.
Und wir ersticken unterm Regenbaum.
Die Angst ist an die Pulse angenietet.

Die Biomasse ist die Todeszelle.
Wir baumeln daseinshungrig wie am Galgen.
Zu viele Hirne dämmern in den Algen,
benagen die ererbte Sonnenhelle.

Es ist Entsetzen vor dem Nichtmehrsein,
vor dem Versinken in die kalte Schwärze,
die uns das Urlicht mütterlich verbietet.

Es sagt, wir gingen in die Strahlen ein.
Wir sind nur Samen einer Tausendkerze
und unser Wohnen hier ist nur gemietet.

VII

Sieh, unser Wohnen hier ist nur gemietet,
die letzte Ruhestätte schon geharkt,
die Nieren ausgesungen auf dem Markt,
auf dem man sich einander überbietet.

Gott ist Geduld. Er ist ein langes Warten,
als würden hinter uns schon Flügel blühen.
Wir müssen uns ins Kristalline mühen,
schon rippt sich unsre Brust um einen Garten.

Wir wissen schon: ein Krieg wird nie gewonnen,
und um die Stiefel schmatzt das Blut, geronnen.
Wie kann man hoffen, wird zum Überwinder?

Auf jeden harren Küsse, honigblond.
Wir wissen nichts. Wir haben wie die Kinder
das Dasein kaum gelernt und kaum gekonnt.

VIII

Das Dasein kaum gelernt und kaum gekonnt,
schwand eben erst die Höhle mit den Bildern.
In Samt und Halbschlaf wollten wir verwildern
vor einem weiten leeren Horizont.

Wir züchteten die Gämsen um zu Ziegen
und packten auch uns selber bei den Hörnern.
Wir wurden Weizen, rieben uns zu Körnern,
da wollten wir uns selber überfliegen.

Wir flogen mit den blauen Kronentauben.
Der Weizenhorizont war gischtbebändert.
Nur etwas hatte sich zuvor verändert.
Mistrale wollten uns den Atem rauben.

Wir fielen rückwärts in die Todeszone.
Wir sind nur Hauch und eigene Ikone.

IX

Wir sind nur Hauch und eigene Ikone.
In unserm Innern gärt das Sakrileg.
Wir stehn mit dir auf einem Brückensteg
und reichen dir galant die Dornenkrone.

Du warst der Jüngling mit der Syrinxflöte,
der Zeit und Raum in unsrer Stirn erschuf.
Jedoch – wer hört auf deinen Amselruf,
berauscht von seiner eignen Morgenröte?

Wir sind vor dir in alle Welt geflüchtet,
bis wir auf Wind- und Sonnenkreuzen lagen,
und dennoch schlief in uns ein blonder Garten.

Wir schlugen in die Wälder unsre Scharten.
Wir haben Rosen für dich hochgezüchtet.
Für unsre Gärten sind wir schwer zu tragen.

X

Für unsre Gärten sind wir schwer zu tragen,
die Häfen ächzen unter unsrer Last.
Die Städte welken in der Sonnenglast
und wollen uns an unsren Fersen nagen.

Die Fauna hat uns wütend angeknurrt.
Wir sind ihr Gegenteil, wir sind absurd.
Wir sind ihr fern, und doch ist sie uns nah.
Wir denken. Sind für Analysen da.

Erkennen wir uns selbst? Sind wir so weise?
Wir schrumpfen, sind der eigne Epigone.
Die Opernhäuser fliehen vor uns leise.

Selbst unsre Rosen tragen an uns schwer.
Die Knöchel fesselt uns ein Binnenmeer.
Auf unsren Schultern lasten die Balkone.

XI

Auf unsren Schultern lasten die Balkone,
auf denen Nachbarn unter Efeulauben
in Straßenlärm und Nachtigalln ertauben
mit Rotwein unter einer Sternenkrone.

Mit Schuppenflechten unter Schlüsselbeinen
streichen wir heimlich um die Litfaßsäulen,
den Wasserball Frau Lunas anzuheulen,
uns mit Frau Wirtin liebend zu vereinen.

Der Fahrradkorso im Chinesenviertel,
für dich und mich ein Strauß Vergissmeinnicht –
das lässt uns wieder atmen für Momente.

Am Scheitel, der Asteroidengürtel
verleiht den Schläfen modische Akzente. –
Wir sind nur Hauch und Strom und Neonlicht.

XII

Wir sind nur Hauch und Strom und Neonlicht.
Wie Fruchtfleisch ist die Wohnarchitektur.
Wir fangen damit unsre Windnatur,
bis sich der Affe wieder Bahnen bricht,

der Affe unter Affen in den Zoos,
das Zirkusäffchen auf dem Leierkasten,
dem Kaufpassagen auf den Schultern lasten
und Gänge goldverbrämter Hochglanzklos.

Und einer ist des andren Misanthrop,
an jedem fressen Pein und Eigenlob
und wagen es, die Seele anzunagen.

Der Geist wird weichgespült in Waschmaschinen.
Wir stellen Ängste aus in Glasvitrinen.
Die Sonne schmilzt in unsren Müllanlagen.

XIII

Die Sonne schmilzt in unsren Müllanlagen,
und dennoch gehn wir ein in die Ideen.
Uns wird ein Duft durch alle Nerven wehn
und wird uns helfen, uns zu überragen.

Zwar ist der Zuchttier-Schlachthof überfüllt,
wir haben die Gewässer zugemüllt –
wir können uns doch selber übersteigen,
einander uns in vollem Glanz zu zeigen.

Wir sind barmherzig, doch vergessen wir:
Geistwesen sind auch Fluss und Farn und Tier,
und spiegeln Gottes lächelndes Gesicht.

Wir können in das Unbekannte springen,
um wieder in die Seelen einzuklingen,
doch fragt man, wer wir sind – wir wissen's nicht.

XIV

Und fragt man, wer wir sind – wir wissens nicht.
Fragt uns ein Gott – was sollten wir ihm sagen?
Denn wir sind Schnecken, haben schwer zu tra-

gen,

zersetzen mit den Schatten jedes Licht.

Vielleicht: „Gott, lass uns wieder Pflanze sein!
Wir alle fließen in die Erde, flüssig,
und sind des Sterbens lange überdrüssig,
drum pflanz uns in die Ewigkeiten ein!"

Doch fragt nicht Gott, fragt uns die Erdgeschichte:
„Seid ihr der Flor in meinem Haar?
Seid ihr ein Bild, in meinen Arm gestochen?"

„Wir sind uns selbst so schwer wie Bleigewichte,
und doch sind wir Sekunden, das ist wahr:
wir sind nur Hauch vorm Abgrund der Epochen."

XV

Abschluss-Sonett

Wir sind nur Hauch vorm Abgrund der Epochen,
ein Gotteshauch gewiss, doch nur ein Hauch,
und Steine, Gräser, Wurzeln, sind wir auch,
doch haben mit dem reinen Sein gebrochen.

Wir sind nur Hauch auf einem Horizont,
wie die Planetenkrümmung ihn uns bietet.
Und unser Wohnen hier ist nur gemietet,
das Dasein kaum gelernt und kaum gekonnt.

Wir sind nur Hauch und eigene Ikone.
Für unsre Gärten sind wir schwer zu tragen.
Auf unsren Schultern lasten die Balkone.

Wir sind nur Hauch und Strom und Neonlicht.
Die Sonne schmilzt in unsren Müllanlagen.
Und fragt man, wer wir sind – wir wissen's nicht.

DER POTTWAL futtert gern Prothesen,
wenn sie aus Plastik sind.
An Ahab sind sie's nicht gewesen,
hab ich im „Moby Dick" gelesen.
Man kann aus Pottwal-Grind

kosmetische Produkte machen,
aus Menschenföten auch.
So kann von roten Lippen lachen,
Herzensgluten hell entfachen
der Tod aus deinem Bauch.

So kehren wir ins Meer zurück,
als führen wir gen Himmel.
Von dir ein Stück, von mir ein Stück,
in unsren Adern Neon-Glück:
ein Fadenwurm-Gewimmel.

Das Plastik kommt vom Erdöl her,
das Öl von Schlick und Schnecken.
Das Plastik schmeckt der Umwelt sehr,
da braucht sie keine Wesen mehr
und kann getrost verrecken.

WER BIETET UNS VERZWEIFLUNG AN
als Ausweg aus der Not?
Er, dem man nicht vertrauen kann,
verspricht uns sicher irgendwann
einen milden Tod

und Tausend im Erlebensfall,
das Fahrrad eingeschlossen,
Glasbruch, Licht, Pistolenknall,
Ellenbogen, Überschall
und Parteigenossen.

Sie haben uns zu dem gemacht,
was längst in ihnen zuckte:
mal Psychogramm im Kellerschacht,
mal Abfall einer Wirtschaftsmacht,
und Ausverkaufsprodukte.

Geysir

Ozean!

Ozean! Behendes Streifenhörnchen,
keimst hinter meinem Schulterblatt hervor
und flüsterst mir Geheimnisse ins Ohr,
du Sanduhr Zeit, du Tod in jedem Körnchen,

du Gong aus Japan, der Coronen speit
und dann im Zentrum schwarz wird und ver-
                              schwindet,
der meine Schuhe knotet und verbindet,
der aus der Werkbank springt, von Heiterkeit

verrückt im Holzmehl grinst und es entzündest,
der auf dem Löffel tanzt als nackte Frau
aus Silber, Jugendstil und Wetterhahn,

du, der in Mittelohr und Schnecke mündest,
du, der in Lack und Tusche ungenau
die Zeichen mischst, du Gletscher! Ozean!

Berg!

Steilwand im Hauch, die unbezwingbar ist,
Schneeleopardin, straff gespannt vor'm Sprung,
Ohnmacht aus silberner Erinnerung,
du Blutspur, Büffels Bug und Widerrist,

du Fahrrad, weiß, aus Meteorgestein,
im Lungenflügel Wasserfall aus Gift,
Steilkurve, Schlaganfall und schräge Drift,
Orgasmenschrei – das alles kannst du sein

und mehr noch –, Stromkreis, Stickstoff,
                              Hummelflug,
Kalender der Azteken, Sonnenkreis,
Almabtrieb, Bauernschrank im Wasserwerk,

Miss Monroes Poster, Zahnrad, Flaschenzug –
all dies gefror in deinem Gletschereis,
du Imperativ, Riss im Dasein! Berg!

Poesie!

Du Poesie! Du reiner Wasserklang,
du Laubfroschs Bratsche, Radhas erster Kuss
auf Krishnas Mund gehaucht, du Haselnuss,
die mir ein Hörnchen schenkt, du Yin und Yang,

getuschter Schriftzug, Lack auf Reispapier,
Intimität, Entäußerung, Gebet,
Fußsohle, die auf Messerspitzen geht,
du Bienenkorb aus Apfelholz, im Stier

die Flamme rhythmischer Verworfenheit,
die jedes Menschen Grundbestimmung ist,
Libellenlarve, Maske, Mimikry,

Triangel, Schlafbrokat, Sinnlosigkeit,
du klares Wasserglas, du Amethyst,
barocke Tischuhr, Drossél! Poesie!

DIE DROSSEL fiel ins eigne Spiegelbild,
starb singend wie König Johann.
Im Strudeln trank sie das Weltall aus.

Dank ihr sind die Wesen verherrlicht
und die Wasser flüssiges Gold
und die Bücher Evangeliare.

Fuga vom Glanz, vom Kuckuck und vom Kolibri

I

Glanz ist die Nacht. – Dort kann der Kuckuck
nisten.
Dort hast auch du dein Nest aus Brot gebaut.
Zerbetet bist du längst, dir selbst entblaut,
des Daseins letzten fernen Traum zu fristen.

Und Silben schnittest du mir von den Lippen
in atemfeines Aluminium.
Du drehtest mir das Augenweiß herum
und wuschst mit deiner Gifthand meine Rippen.

Lass mich! Ich bin ja kurz vor dem Erblinden,
da mir im Blick das letzte Windlicht glimmt.
Ich kann im Schweigen meinen Weg nicht finden,

muss straucheln, um aus dir heraus zu fallen

in einen Teich aus Silbergürtelschnallen.

Glanz ist der See, auf dem der Kuckuck

schwimmt.

II

Glanz ist der See, auf dem der Kuckuck
                                   schwimmt,
Absurdität auf seinen Zungensaiten.
Wie kann ich einsam übers Wasser gleiten
in seiner Nacht aus Violinenzimt?

Zerfleischt ist meine Kehle, pflaumenfarben.
Und so gelingt's mir nicht, mit einzustimmen,
die zweite Geige in die Nacht zu dimmen,
in der die Silben knisternd mir verdarben.

Glanz ist die Nacht, in der es knospt und glimmt,
in der der blinde Kuckuck tanzt und schreit:
Das Dunkel, das auch meine Stirn verbleit,

der Orkusstrom auf dem ich strudelnd treibe.
Der Sänger hascht erschreckt nach seinem Weibe.
Glanz ist die Leier, die der Kuckuck stimmt.

III

Glanz ist die Leier, die der Kuckuck stimmt.
Wie eine Wunde aufreißt, brennt der Morgen.
Ich will mir einen Schatten von ihm borgen,
der etwas fort von seinem Leuchten nimmt.

Ich binde bäuerlich mein Weh zu Garben,
und an den Wurzeln meines Winterhaares
verberg' ich ein geheimnisvolles, rares
Batistgeflecht aus Hauch und hellen Narben.

* * *

Den Kuckuck nehme ich zum Leichtmatrosen,
und Nesselhemden liegen in den Kisten.
Mein Nervengift zerrt schon am Segeltau.

Absurdes Leben, tauch ins Wogentosen
und färbe meine Stimme eisengrau.
Glanz ist der Atem, den am Wind wir hissten.

IV

Glanz ist der Atem, den am Wind wir hissten.
Er flog wie eine Möwe in den Raum,
verlor sich hinter Flut und Wellenschaum
und in Geschwüren, Adern, Kehlen, Zysten.

Für Blutgeld will ich einen Hafen kaufen,
dem Mittag einen weichen Bernsteinkai,
dass in den Augenlidern wieder sei
ein Wasserspiegellicht in hellen Schlaufen.

Ein Ölzweig ist's, von dem der Kuckuck singt,
ein Rebenzweig für dies absurde Sein.
Der Tagmond – eine weiße Turtelschwinge –

geht wie ein Kuss in meine Kehle ein.
Glanz ist die Hoffnung, die ich roh verschlinge,
Glanz ist die Traube, die die Lerche bringt.

V

Glanz ist die Traube, die die Lerche bringt,
wenn sich das Sonnenrund verströmt in Schlieren,
und sich die Lippen schmal in ihm verlieren,
wenn still der Tag am Hafenkai versinkt.

Nur kurz am Haaransatz will's Abend werden,
und schon verraucht es hinter meiner Stirn.
Die Schleuse hebt sich, flutet mein Gehirn.
Der Hirte treibt zum Schlaf die Lavaherden.

Wär nicht der Traum, es wär ein Tausendsterben:
man schließt die Lider und die Welt ist tot,
weil sich im Samt die Lerche nicht mehr regt.

Doch *ist* der Traum. Zerbricht in Spiegelscherben.
Die Lerche schlägt erschreckt ins Morgenrot.
Glanz ist der Tau, den sie im Schnabel trägt.

VI

Glanz ist der Tau, den sie im Schnabel trägt,
Feldlerche, erd- und küstenwindgeboren.
Der Morgen hat die Träume abgeschoren,
der an den Herzen wie ein Heimchen sägt.

Der Mittag ist als Falke aufgestiegen,
taucht tausend Fingerspitzen in die Glut,
entzündet alle Nerven, alles Blut,
doch will in Wiesenrainen müßig liegen.

* * *

Der Abend schenkt sich selber in Tavernen,
wie er zur blauen Zeit das Sein berauscht,
das Licht einschaltet und die Schlüssel tauscht,

den Ausweis und die Bahntickets verlegt,
und der Revolten macht in Mandelkernen.
Glanz ist sein Lied, das durch die Nächte schrägt.

VII

Glanz ist das Lied, das durch die Nächte schrägt.
Glanz ist die Geige, die der Kuckuck spielt.
Glanz ist der Morgen, der in Nerven sielt,
die jähe Taube, die im Brustkorb schlägt.

Glanz ist der Kuckuck der Absurdität,
die Lavaspalte, eines Daseins Bruch,
der Malstrom, strudelnd im Kalenderspruch.
Glanz ist der Halbmond, der die Haut vernäht.

* * *

Liebfrauenminne bringt mich zum Ersticken,
Stromkästen, Dampfturbinen manchmal auch,
und auch den Schalter ein und aus zu klicken.

Doch manchmal ist's ein Lied, das in mir singt,
und das du trinkst wie Kuss und Kerzenrauch.
Glanz wird mein Atem, wenn er dich durchdringt.

VIII

Glanz wird der Atem, wenn er dich durchdringt,
auch wenn als Kuss er dir unmöglich ist.
Das Leben spielt die Liebe als Solist,
auch wenn der Ton mitunter still verschwingt.

Glanz keimt im Nacken als Libellenlarve,
die auf der linken Schulter sich verpuppt.
Das Dasein, kostbar, endet so abrupt.
Der Rahmen bricht, und jäh verstummt die Harfe.

* * *

Noch sirrt ein Glanz auf dir, ein Kolibri,
noch spielt Musik von fern die Melodie.
Stimm ein, dass nicht der Ton in dir verklingt.

Für jeden Pulsschlag sollst du dankbar sein.
Der Kuss verdirbt im Mund. Nicht lange singt
der Kolibri auf deinem Schlüsselbein.

IX

Der Kolibri auf deinem Schlüsselbein,
die Nerven – deine Meeresschauerwellen –,
Zerrüttung deiner zarten Pulslibellen:
Der Kirschbaum blüht. Unmöglich, hier zu sein.

Das Dasein hier: absurde Kostbarkeit.
Das Leben hier: des Berges Kolibri.
Das Sterben hier: Versinken in das Nie,
ein Nichtgewesensein von Glück und Leid.

Als Keimling wurdest du zuletzt geboren,
als Bitterschatten bist du dann erwacht
und taumeltest in eine Liebesnacht
und sehntest dich doch immer zu den Sporen.

* * *

Die Liebe muss für immer sein! Für immer!
Der Kolibri ist ferner Gletscherschimmer.

X

Der Kolibri ist ferner Gletscherschimmer.
Er spiegelt sich auf allen Fensterscheiben,
als wollte er in deinen Adern bleiben.
Schon scheint ein Vogelmorgen in dein Zimmer.

Der Glanz des Meeres ist ein Kolibri.
Der Glanz der Tiefe ist ein Tintenfisch.
Der Glanz der Seele scheint auf deinen Tisch
und tanzt verrückt zur Daseinsmelodie.

Erschreck nicht, wenn der schwarze Ibis schreit.
Du bleibst. Du löst dich nur aus Illusionen.
Aus deiner Seele weicht ja nur die Zeit.

Du mündest ozeanisch in Äonen.
Dein Atem flirrt. Noch will man dich verschonen.
Der Kolibri – dein Atem weiß und weit.

XI

Der Kolibri – dein Atem weiß und weit.
Sein Rachen will das ganze Sein verschlingen,
doch muss ein schwarzer Schatten in ihm singen:
der Ibis Tod, sein Schnabel Ewigkeit.

Wie süß ist das fragile Erdenleben!
Sein Glanz ist eine weiße Lotosblume.
Dein Tod ist Rückkehr in die Ackerkrume.
Du bist Membran, Erschütterung und Beben.

Man will nur leben und verdrängt den Tod.
So blutet man in einen Wiesenrain,
so fällt man Tag um Tag ins Abendrot.

Glanz ist die Kuckucksbrust, ihr Sternenschein.
Die Schwinge Glück, die rote Schwinge Not:
Das ganze Leben muss ein Vogel sein.

XII

Das ganze Leben muss ein Vogel sein,
so meinst du, und bist dennoch transzendent,
weil deine Seele ihre Gottheit kennt
und weiß: sie mündet singend in sie ein.

Und doch erschreckst du wenn der Ibis schreit
und wenn der Kuckuck deine Not verlacht.
Du saugst das Sein ins Blut, die Liebesnacht,
schreibst Vers um Vers in die Zerbrechlichkeit.

Wir tanzen in den Gittern und Gestängen.
Man straft uns nicht, wenn wir am Leben hängen.
Wir sind in Gott und nur getäuscht von Zeit.

Alles verändert sich. Es ist nur Schimmer,
nur Abglanz auf der Haut der Ewigkeit.
Das ganze Leben flieht. – So bleibt's für immer.

XIII

Das ganze Leben flieht. – So bleibt's für immer.
Flucht ist die Ente, die im Strudel treibt.
Flucht ist ein Ich, das sich in Sterne schreibt.
Flucht ist die Nacht, ihr Galaxienschimmer.

Flucht ist der Glanz geheimer Apfelsinen,
der aufglüht und verraucht an meinen Schläfen.
Der Garten schwimmt in eins mit Schlierenhäfen.
Flucht ist der Zimt der Nacht in Violinen.

Flucht ist der Schuttkahn mit der Last der Zeit,
der Rosenblütenduft, Verworfenheit.
Flucht ist der Pfau, der durch die Nächte schreit.

Flucht ist der Kuss, der dir im Mund verdirbt,
das Dasein, das in eine Liebe stirbt.
Das ganze Leben ist Unmöglichkeit.

XIV

Das ganze Leben ist Unmöglichkeit:
Ein Harlekin, der auf zwei Seilen tanzt,
sein Abziehbild, dir aus der Haut gestanzt,
wie er jongliert in seinem Sternenkleid.

Sein Foto schläft in der Zigarrenkiste,
so geht es tausendfach rund um die Welt.
Es kommt nach Hamburg, ins Nomadenzelt,
und wird geführt in einer Cargoliste,

verschickt als Katalog im Glanzpapier.
So kommt es schließlich auch zurück zu dir
in Milliarden von Zigarrenkisten.

* * *

Abglanz vom Leben liegt im Elsternest.
Abglanz von Nestern liegt im Nachtgeäst.
Glanz ist die Nacht. – Dort kann der Kuckuck
                                    nisten.

Der Glanz

Glanz ist die Nacht. – Dort kann der Kuckuck
                                    nisten.
Glanz ist der See, auf dem der Kuckuck
                                    schwimmt.
Glanz ist die Leier, die der Kuckuck stimmt.
Glanz ist der Atem, den am Wind wir hissten.

Glanz ist die Traube, die die Lerche bringt.
Glanz ist der Tau, den sie im Schnabel trägt.
Glanz ist das Lied, das durch die Nächte schrägt.
Glanz wird der Atem, wenn er dich durchdringt.

Der Kolibri auf deinem Schlüsselbein,
der Kolibri ist ferner Gletscherschimmer.
Der Kolibri – dein Atem weiß und weit.

Das ganze Leben muss ein Vogel sein.
Das ganze Leben flieht. – So bleibt's für immer.
Das ganze Leben ist Unmöglichkeit.

Bericht aus Frankistan

Die Zeit spazierte in den Uhrenladen
im tiefen Winter nachmittags um drei.
Sie dachte an den Prinzenspross von Baden
und legte flugs ein Nürnberger Ei.

Am Unschlittplatz der arme Kaspar Hauser
dreht sich ein Zifferblatt, um es zu kiffen.
Er zittert stark, als wär er in der Mauser
oder auch kurz davor, sich einzuschiffen.

Doch ist in Nürnberg kein Hochseehafen,
auch keine Reeperbahn mit Hanf und Huren
und auch kein Messer, um in See zu stechen.

Nur Peter Henlein dreht noch an den Uhren.
Hans Sachs, der Meister, ist schon eingeschlafen.
Sein Knie ist taub vom Verse drüberbrechen,

IN ALLEN WELTEN flackern Noten,
die Flocken tändeln leicht im Wind
und betten sich zu uns, den Toten,
die nichts als stumpfe Rhythmen sind.
Wir kennen nicht die wahren Farben
und Klänge, um sie zu benennen,
wir knistern wie die Feuergarben
und Dichter, wenn sie in uns brennen.

BEGRÜBE MAN EINEN VON UNS
wie geheiligte Manuskripte,
die Seiten braun und verklebt
durch Feuer, Zeit und Wasser,
im weiten syrischen Bergland –
es wüchse ein Kirschbaum hervor
und hell schäumte der Himmel
über Haubitzen und Drohnen.
Doch dort, in die Spuren der Raupen,
aussäte man die kleinen Totgeburten,
auf dass aus ihnen Brunnen keimten.
Doch blau spiegelte keiner,
nur das Schluchzen der Mütter.

EHE DER HAHN ZUM DRITTEN MAL SCHRIE,
blutete Mohn in die Erde.
In den Schlachthöfen und Kühlhäusern
zucken geviertelt unsere Mütter,
und wir werden sie essen beim Rotwein.
„Um der Armut zu wehren, bedarf es
gerechter, globaler Logistik.",
spricht einer beim Fischgang.

Aber spätabends, vorm Schlafengehen,
fliegen Häher und Waldkauz ins Fenster
und speien uns Schnee in die Ohren.
In den Flüchtlingslagern die Kinder,
sie schlafen im Schlamm und in Pfützen
und graben im Traum ihre Finger hinein
bis kurz vor unsere Herzen.

DIE PFLANZEN SCHWIRREN ERLÖST
aus Yucatan als grüne Kolibris.
Grasmücken sind *wir*
in den Farben blasser Bindehäute.
Die Mörder, Diktatoren und Verräter
verkauften zynisch ihre Seelen
den Embryonen ihrer Opfer, darum
trägt sie der Löwenzahn fort
unter winzigen Schirmchen im Wind.

WIR SIND DAS SCHMIERÖL DER WELT:
wir fetten unsre Panzerketten ein,
salben die Stümpfe der Kriegsverletzten,
verkleben die Lider Verhungernder.
Wir sind wie die Tierwelt voll Weh,
gefoltert, in Hälften zerteilt, erhängt
beim Fleischer im Kühlhaus am Haken.
Vielleicht würden wir wiedergeboren
in die endlosen Felder der Gerste,
in die Barmherzigkeit der wilden Aprikosen,
böten wir uns den Wesen zur Nahrung dar,
dem Huflattich, den Eiern der Wanzen.
Dann schimmerten wir aus den Algen
in die Wachheit all unseren Lächelns.

VON SÜNDE BRAUN UND VOM GEBET
verklärt sind deine Hände.
In jeder ihrer Riefen steht
dein Leben in die Zeit gesät,
taumelnd vor dem Ende.

Hand für Zärtlichkeit, zum Segen,
Hand, die Blutgeld zahlte.
Falten willst du sie und legen
ineinander, sich entgegen,
wie sie Dürer malte.

DIE DICHTER ZIRPEN KEINE LIEDER MEHR.
Der Neuntöter hat sie alle aufgespießt.
Der Tod ist dunkel wie die Liebe.

Die Spatzen betteln mit offenen Schnäbeln.
Der Neuntöter hat sie alle aufgespießt.
Die Liebe vorenthält ihnen den Tod.

Die Trinker wollten das All aussaufen.
Der Neuntöter hat sie alle aufgespießt.
Atem ist tränenbitter wie Liebe.

Das fahrende Volk ist verstreut.
Der Neuntöter hat uns alle aufgespießt.
Die Liebe ist unmöglich wie Tod.

Aus Pommern

Aus Weizen ist der Mensch. Und seine Wangen
sind Silbenschrift, nur für den Tod zu lesen.
Und wenn wir sterben, sind wir Brot gewesen,
ist unser Duft durchs Nimmertor gegangen.

Aus Bernstein ist mein Herz, darin gefangen
starb einer Möglichkeit Libellenflug.
Der Falke hielt den Atem in den Zangen,
bevor mein Mund das Blut zu Grabe trug.

Die Zeit – ein Wasserkreis – ist immer jetzt.
Das Schicksal schreibt Orakel auf die Haut.
Bevor wir lesen sind sie windzerkaut,
bevor wir ahnen sind wir todzersetzt.

Kopfunter wird ein neuer Mensch gemessen,
versinkt im Weizen, stirbt und wird vergessen.

Aus Russland

Für Arseni Tarkowski

Die Tiefe rauscht nicht mehr in meinen Ohren,
so wie der Sternennebel nicht mehr blaut
und schmilzt nicht mehr wie Wind in meine Haut.
Es ist, als gehe ich mir selbst verloren.

Der Kirschbaum tanzt nicht mehr auf meinen
                                            Poren,
so wie die Biene nicht mehr nach mir schaut,
nicht ihre Wabe in die Schulter baut.
So bleibe ich der Stunde ungeboren.

Ich möchte dass die helle Schwinge streift
als zarte Schwester meine Augenbrauen,
und dass wie vormals meine Strophe greift

ins Brandungshaar der Zeit, darin zu tauen,
dass an der Schläfe eine Kirsche reift,
und dass die Biene flüstert: Hab Vertrauen!

ALLES SEIN VERHAUCHT IM WIND,
weil wir zart und brüchig sind.
Lasst uns in einander lauschen,
pochen, Flug und Farben tauschen,
schmelzend in die Blüten rauschen,
Seelenglanz auf Blatt und Haut,
der uns in die Wahrheit taut.
Alles Sein verhaucht im Wind,
weil wir zart und brüchig sind.

Am Vogelsee

Die Kielspur, die das Entenpärchen zieht
ins grünumwimperte geheime Wort –
die Wasserhand verknüpft die Zeit dem Ort,
den nur das Herz in seiner Tiefe sieht –

das ist die Schrift, die eine Schönheit bindet
an eine Wirklichkeit, die immer nüchtern
bleibt und liebevoll. Nahe dich schüchtern
damit man nichts mehr Rohes an dir findet.

Der Reiher schweigt. Die Gänse schreien laut,
und deine Seele mündet in sie beide
im Einklang, der auf klares Wasser trifft.

Dein Blick, der ins Vielleicht des Menschen
                                        schaut,
und deine Stirn, umhüllt von Regenseide:
das ist Orakel, Sein und grüne Schrift.

MITUNTER SIND DIE TAGE STURMUMTOST
und auf und nieder wogen die Prärien,
dann wieder ruhig, deinen Nerven Trost,
siehst du die Reiher in die Weite ziehn,

bemerkst du Städte in die Ferne sinken
und ins Vergessen, nah' der Eisenbahn.
Und in den Wolken glüht der rote Hahn,
will aus den Mündern der Kakteen trinken.

Der Berg dort hinten kneift ein Auge zu.
Das Flugzeug blinkt und scheint auf dich zu zie-
len.
Die Gräser rauschen wie die Meeresalgen.

Dein Schatten längt sich, baumelt schon am Gal-
gen.
Zu deinen Füßen siehst du Katzen spielen,
dann fällt der Hammer, dir zu Nacht und Ruh'.

Der Schimmel

Geköpfte Staude steht der Schlaf inmitten tosen-
der Bäume,
Raum geworden in der Beschämung des Schwei-
gens.

Das Pulsmetronom hält ein vor der schäumenden
Brust eines Mondes.

Windweiß bauscht sich das Land:
Oboe aus Schnee.

Im Granit

Der Kirchturm, falkenweh im Nebelweiß,
war einst ein and'rer: wehrhaft und gedrungen.
Und fremdes Liedgut wurde dort gesungen:
es klang von Sorge und von Rache heiß,

als würden aus den Krypten Geister singen
der alten Langobarden oder Goten,
die aus den Tiefen mit noch ält'ren Toten
in Notation und Blutrausch widergingen.

Dann scheint's als hebe sich das Tuch der Zeit:
Der Berge Grate sind wie Sensenschneiden
und dulden keinen Trost, noch Almenweiden.
Ein Schrei nur dringt ins Ödland echoweit.

GEFROREN liegt die Stadt im grauen Schiefer:
das Trambahnnetz mit seinen Linien,
dem Relief von Bucht und Pinien,
im Polizeilabor der Rattenkiefer.

Kopfunter muss der Gartenzwerg verharren.
Im Taubenhof liegt Druckpapier entlaubt.
Die Meise fiel erschreckt vom Zweig, ertaubt
von Schlagzeug, Tamburin und E-Gitarren.

Der Turnschuh stinkt nicht mehr vom Hallen-
sport.
Wär noch ein Ohr für einen Jazz-Akkord,
es wär verfallen im Dornröschenschlaf,
wie auf den Gräbern jeder Epitaph.

Im Kurpark fressen Schatten die drei Affen.
Von Hagens' Leichen spielen ewig Karten,
in Lorcas Brunnen schwebt das tote Kind.

Soweit die Tage auch aus Flintstein sind,
Eichhörnchen kalt in Kohlenkellern warten
und aus den Fenstern Haifischaugen gaffen –

dereinst wird wieder blühen jener Garten
mit seinem Duft von altem Wein im Wind
und neugeblasenen Kristallkaraffen.

Im Süden Frankreichs

Die Sonne hat ihr Wesen ausgeschüttet
und sich wie Milch im blauen Raum verteilt.
Ein Engel hat den Mandelbaum zerrüttet.
In jedem Grashalm ruht sie und verweilt:

windstille maritime Ewigkeit.
Dahinter schmelzen sanft gewellte Hügel,
Weinberge in brokatner Ruhe. Weit
sind Täler, pferdeäugig, ohne Zügel.

Dort ließ ich uns im stillen Dorf zurück –
dich: amselschwanger: einen Rosenstock,
mich: kleine Feldsteinkirche ohne Türen.

Dort schlang sich Schlaf wie Schierling in das
Glück.
Dort band ich Abschiedstränen an den Pflock,
um meine Schritte aus dem Traum zu führen.

Aus Byzanz

Du hebst das Gold der Evangeliare
und streichst dem Licht die apfeldunkle Wange
und deine Hand, die stille, wasserklare,
zieht aus dem Frauenhaar der Zeit die Spange.

Basiliken aus Kandis hat das Meer
schon in das große Abschiedsblau gesät.
Schon gischten neue, fremde Zeiten her.
Die Wesenheiten sind im Wind zerweht.

Die alte Welt ist nur für alte Dichter.
Sie sind in die Choräle eingesponnen,
und ihr Gewissen ist ihr stummer Richter.

Wie Honig sind Gedanken schon zerronnen.
Das Dasein ist ein Sog in einen Trichter,
ertaubte Münder voller welker Sonnen.

Das Mittelmeer

So wie der Schnee auf seinem Spiegel schwimmt,
schmiegt sich die Marmorwange an die deine.
Von Fels zu Fels spannt sich die Wäscheleine.
Des Nachbars Laken sind ins Blau gestimmt,

doch hebt sich weiß von unsres Schlafes Welle
wie aus Oliven der Bewusstseinsstaub,
entlässt sein Licht aus altersdunklem Laub.
Und Spiegelschlieren treiben durch die Helle.

Leicht scheint ein Götterhimmel sich zu finden
und sinkt doch schnell in sein Mysterium.
Wie sich ins Wasser Blütenkreise binden

so treibt der Bote müßig sich herum
mit seiner Nachricht von dem wahren Sein,
streut seine Briefe weiß in uns hinein.

Gibraltar - ein Traum

Säulen die bislang noch niemand sah,
Durchgang für die weißen Flugzeugträger.
Herakles war Maurer, Fliesenleger.
Tor von Spanien nach Afrika.

Horizonte mit dem Gold versunken
hunderter Piratengaleonen.
Monitore füttern Embryonen.
Sonne taumelt in das Meer, betrunken.

Billardmond rollt übern Wolkentisch.
Ansichtskarte, braun vom Tintenfisch.
Molly Bloom grinst mit den Felsenaffen.

Alles machen unsre Hirne wahr:
Phasenprüfer und Kristallkaraffen.
Wasserspiegel träumt von Gibraltar.

Der Panamakanal

Balboa war umrankt von Regenschlangen.
Dort, wo in Lehm und Ocker Schleusen hämmern,
dort spürte er im Rücken Stunden dämmern.
Lianengrün schnitt Rauten in die Wangen.

Zehntausend Kolibris und Schmetterlinge!
Gespensterfunken bunter Mayaseelen.
Tukane spieen in harte Männerkehlen.
Die Lippen heute schließen Dichtungsringe.

Die Stunde flutete Gefängniszellen,
weil heute sich zwei Ozeane küssen,
mitunter zyklisch aneinander branden.

Im Westen bluten Sonnen in die Wellen.
Sie sind verzahnt wo sich die Schlangen wanden
und wir in unser Dämmern knospen müssen.

Vier Nächte

In allerletzter Nacht zerreißt ein Schrei
den zu Basalt erstarrten Ozean.
Der Bleiglanz einer Schwinge weht vorbei,
und junge Knospen weckt der Goldfasan.

Die Nacht davor erhob sich wie ein Bär.
Sein Herz schwamm hell durch ein Planetenmeer
und im Gefieder glänzte Jahr um Jahr.
Ob es nicht doch ein Kronenkranich war?

Die Nacht vor dieser war die Liebesnacht,
als deinen Puls ein gold'ner Ibis trank.
Das Weltall gab dem Tau all seine Macht.

Und in der ersten aller Nächte sang
im Chaosstrudel eine Nachtigall,
da kam der Traum der Bitternis zu Fall.

Requiem für einen Zungenkuss

Jenseitsbrücke

WIE EIN MILAN fliegt diese Nacht.
Sein Licht bricht durchs Gefieder.
Er dunkelt wenn sein Weh erwacht,
glänzt über Blatt und Rispe sacht
und geht am Stadtrand nieder
im Brand der Liebeslieder.

DIE STRAßE dröhnt von Lkw's,
schwer von totem Getier,

aber ab 21 Uhr ist sie still,
erschöpft,
wie weggeworfen.

Im Teich am Waldrand unter den Uhus
wuschen wir einander unsere Füße,

sorgsam, behutsam
wie man Kinder und Seelen wäscht.

Die Lerche zerriss ihre Stimmbänder,
gerührt von so viel Liebe.

NACKT KOMMEN WIR ÜBER UNS
wie schimmernde Initiale,
kostbar, scheu und heilig.
In den Wasserlinsen
entziffern sich unsere Hände,
beschwören talmudisches Leuchten der Nacht.
Lass unsere Atemzüge den Rehen
in den sichernden Ohrmuscheln glänzen.
Wir schenken uns Kinder
von Hand zu Hand, wie Wasser
gleitend von Leben zu Leben.

ICH KLEIDE DICH IN MILCH UND WIND,
im Weinberg, in den Trauben,
durchfenstert wie die Kirchen sind.
Auf jedem Hügel sitzt ein Kind,
gurrt zärtlich mit den Tauben.

Berauschen sich die Taufkapellen
an deinen runden Hüften?
Der Wind in apfelgrünen Wellen,
er will aus deiner Lunge quellen.
Und wir zergehn in Düften.

Der Mühlbach strömt in hellen Flammen.
Komm, lass uns schwimmen gehen!
Wir fließen Leib an Leib zusammen,
weil wir aus gleichem Rhythmus stammen,
uns in den Strudeln drehen.

ICH STREICHLE DEINEN ARM IM TRAUM,
und doch bist du real.
Da sträubt sich leicht dein heller Flaum
im Schweiß, nein, Wasserlinsenschaum
um ein Muttermal.

Wird deine weiche Haut sich röten,
wie eine Feder Lichts?
Im Schilfrohr sterben unsre Föten.
Warum uns nicht einander töten,
verzaubern in ein Nichts?

Musik tönt blau und splitternackt
in virtuosen Händen.
Umfange mich im Liebesakt.
Ich schlag dazu den Trommeltakt
in unsrer beider Lenden.

Und wenn du Hauch und Rhythmus kennst,
verharrt der Tod im Sprunge.
Du Drossel, die im Dunkel glänzt:
Das All ist nicht so unbegrenzt,
wie deine kleine Zunge!

DAS LEBEN sog ich gierig ein.
Seine Lichtspiralen
schmeckten herb wie wilder Wein,
mussten Rausch und Droge sein
in den Todesqualen.

Ich bin im Krankenhaus erwacht,
an den Händen Binden.
Schwestern haben fern gelacht,
Gong versank im Brunnenschacht,
sich ins Blut zu winden.

Ich weiß nicht, wo du heute liegst.
Ich hänge an Geräten.
Ob du zum Beteigeuze fliegst,
dich auf der samtnen Lethe wiegst –
du musst noch für mich beten!

So süß ist deine Neigung mir
wie die Honigwabe!
Meine Adern schenk ich dir,
deinen Knöchelchen zur Zier:
eine Morgengabe.

Requiem für einen Zungenkuss

Der Tod ist eine Vase aus Kristall.
Er ist ein winziger geschürzter Mund.
Das Dasein zittert heiß in seinem Rund.
Wie eine Aster schäumt das Sternen-All.

So eine Blumenvase will ich schenken:
es schimmert gelb ein Nervengift darin.
Vergib mir, Liebste, dass ich fröhlich bin,
am Valentinstag so an dich zu denken.

Ich trink dir zu aus hauchgedrehtem Becher
den Toast auf irdische Vergänglichkeit.
Selbst aus den Zifferblättern flieht die Zeit.

Geliebt zu haben müssen wir verzeihn.
In eins zu schmelzen Blume und Verbrecher,
umarmt zu schäumen – schuf man uns so rein?

KOMM, LIEBE MICH UND SEI MEIN PALIMPSEST!
Wir wollen feiern, doch uns auch verstecken.
Wir wollen die geliebten Wunden lecken.
So wird das Sein ein Tanz und Seuchenfest!

Die Liebe trägt ein flirrendes Gefieder
von blasser Farbe unsrer Bindehaut
und in uns klingen goldverchromte Lieder.
An unsren Stürzen sind wir aufgeraut.

Wir sind nicht treu, denn du bleibst immer du,
und ich will meinem Innersten verbleiben,
wenn ich vielleicht in deinen Armen ruh.

Und wie im Traum will meine Fingerspur
noch violette Liebeslyrik schreiben
in deine Wangenlinientextur.

Aus Thrakien

Was dich einst kleidete in jungen Wein,
was atmet und sich fließend wandeln kann:
mich fiel das Glück gleich Leoparden an.
Euridike, muss ich zerbissen sein?

Zerfällt der Halbkreis schon wie alte Seife,
in dem sich Flammen wie Choreuten drehten,
durch Felsenräder gelbe Schatten wehten,
Euridike, einst in der Apfelreife?

Euridike, bist du noch hinter mir?
Droht noch dein Pochen an mir zu ersticken?
Umschäumen deinen Schoß noch die Braunellen?

Mich beißt im Rücken hindenwunde Gier,
mich umzudrehen und nach dir zu blicken,
ins Gestern stolpern unter Gift und Schnellen.

WIR WAREN FRÜHER ALLE GLEICH,
vor abertausend Jahren:
die Leiber mager, steif und bleich.
Ein Kind schwamm still in jedem Teich,
mit Algen in den Haaren.

Wir ähnelten uns früher alle
in Gulag und KZ:
der Magen eine Hungerkralle,
Sehnsuchtswürgen, Rattenfalle,
Kreuz am Pritschenbrett.

Mein Erinnern starb als Kind
vieler Fieberseuchen.
Die so klein gestorben sind,
liegen nackt im kalten Wind,
Kerzen auf den Bäuchen.

Ich danke dir, dass unsre Kleinen
stets glückselig sind.
Sie müssen nicht in Adern weinen,
atomarem Seinsverneinen,
nicht im Zyklonenwind.

Wie müssen sie gesungen sein,
wenn ich sie in mir morde!
Sie blühen in das Nie hinein,
sie sind verklärt und wasserrein,
sind Ewigkeitsakkorde.

WIE SICH JUNGE ÄFFCHEN DRÄNGEN,
wollen wir uns wiegen,
wenn wir am Klavierdraht hängen
und sich unsre Beine längen,
unsre Rücken biegen.

Sind alle, die da mit uns bang
an einer Mauer ranken,
ein Leben, eine Liebe lang
für Kugel und Gitarrenstrang,
nur um ins Nichts zu wanken?

Wir müssen blau in blau zergehn,
verschwinden in der Farbe,
an einer Sonnenmauer stehn,
dem Tod in den Gewehrlauf sehn,
in seine Feuergarbe…

Der Druck wird uns zerplatzen lassen,
wenn sie uns erschießen.
Doch wer kann unsre Tiefe fassen,
wenn Daseinsstufen, Lichtterrassen
ineinander fließen?

ERDBEEREN bette ich in deinem Haar
und lasse dich an meiner Seite schlafen.
Die Segel schatten uns vom nahen Hafen,
und gleiten liderzart und wasserklar

dir über deine schmalen Handgelenke,
mir über meine sternenheiße Stirn,
durch die mir dunkelblaue Lieder irrn,
bevor ich abgegrenzte Stunden denke.

Dort, wo ein Mühlenbach am Himmel war,
sind Wolken voll Statistiken und Listen.
Ein Strahl hat uns geblendet und betäubt.

Erdbeeren bette ich in deinem Haar.
Sie sollen dort wie rote Kücken nisten.
Du schläfst vom Grau der Wege überstäubt.

…DICH IN DEN FERNEN MANDOLINEN FINDEN,
dich in die Lunge, in die Adern schlingen,
dich als ein Lied in mein Ersticken singen,
dich als Girlande in die Nächte winden,

dein helles Haar in Wasserkreise knüpfen,
wo die Libellenräder zärtlich rollen,
in den uns unsichtbaren Blütenpollen
und Honigdüften auf und nieder hüpfen.

Du heißer Puls, von süßen Kirschen schwer,
der Morgen naht mit violetten Schatten,
entdeckt uns hier in Rhythmus und Ermatten.

Bald kräht der Hahn, dann gibt es uns nicht mehr.
Lass uns noch einmal brennen, still und golden,
bevor Verrat erwacht in gelben Dolden.

So schlummern deine Lider auf den Malven:
sie atmen Räume ein und wieder aus.
So schlafen wir im Tau: aus Glas ein Haus,
als dröhnten ferne nicht Gewittersalven.

Die weißen Tauben, die du atmest, sind
von deinen sachten Träumen lichtumschleiert.
Und während alles Tod und Sterben feiert,
sind unsre Ohren voll von Schnee und Wind.

Schon bluten ringsumher vom Mohn die Äcker,
vibrieren von der Prozession der Trecker.
Der Wiedehopf erstickt vor Einsamkeit.

Mein Atem kann den deinen nicht mehr schützen,
so sterben wir in Schlamm und Regenpfützen.
Der Tod im Schlaf: wie weiß er ist! Wie weit!

WAS KANN ICH SEHN IN JEDER DEINER POREN?
Was überflutet deine nackte Haut?
Du bist von vielen Himmeln überblaut.
Sie träumen uns, denn wir sind ungeboren.

Bald sind wir fortgehaucht aus Illusionen
und Angst, wir könnten jemals bitter werden,
wie Tod, Orangen, parallele Erden,
die Wissenschaft vom Endlos-Weiterklonen.

Bald gehen wir auf eine andre Reise,
in ein Erwachen das wir selber sind,
weil wir die Sterne auf den Lidern tragen,

und Räume, Zeiten sind nur Wasserkreise,
und die Geschichte ist ein Baum aus Wind
und unser Dasein fernes Flügelschlagen.

Wir fließen fort wie Schaum und Algenfäden.
Auf unsren Zungen schläft und atmet Lauch.
Wir sind Ideenmahd und Frühlingshauch.
Wir hör'n einander in den Träumen reden.

Wir werden uns verlieren, wiederfinden
auf immer höheren Entwicklungsstufen.
In Zeitspiralen werden wir uns winden,
doch hören wir in uns das Schweigen rufen?

Uns zu zersingen sind wir auserkoren,
uns zu zersterben werden wir geboren.
Das ganze Leben brennen unsre Nerven.

Wir sind ein Ölfilm auf der Stirn der Zeit,
sind Rost und Staub vom großen Messerschärfen.
Leb wohl! Wir gingen miteinander weit…

Kailash

Vielleicht ist dieses Leben nur ein Traum
in einem andren Traum (wie Poe uns sagt),
in den sich träumend Gott hinunter wagt,
vielleicht in Welle, Gischt und Spiegelschaum?

Man sagt, das All wär bloßer Innenraum,
nur Illusion, die an der Seele nagt,
in die der Finger eines Morgens zagt,
so nebelzart, Kailash berührt er kaum.

Wie dringt der Atem des Gebets zu ihm?
Wie dringt zu uns, was er uns singt und weist,
wenn uns der Strudel zu den Schnellen reißt?

Nur ein Fragment ist noch vom Tag geblieben:
*"All what we seem is nothing but a dream
within a dream"* steht dort vielleicht geschrieben.

Im Wald den Reiher hat das Licht berührt.
Es floss um ihn und brachte ihn zum Glimmen,
und rings um ihn verstummten alle Stimmen,
als würde er im Strahl hinauf geführt.

Was tut der Mensch, wird er vom Hauch getrof-
fen,
der doch von je geschaffen ist zum Dichter?
Um seine Wangen spielen Abendlichter
und seine Nerven glühn vor lauter Hoffen.

Der Gänsezug verdoppelt sich im Weiher.
Die Liebe spiegelt die Familie
und ihre Menschlichkeit in Raum und Zeit.

Zur Sphinx im Blut wird jener stille Reiher.
Ins Weh entblättert sich die Lilie.
Das Licht zieht weiter. Waren wir bereit –?

* * *

VOM LICHT GETROFFEN, das ihn rings umspült
in einem stillen Wirbel ohne Richtung,
steht er im Rinnsal der Platanenlichtung
hoch aufgereckt, sehr still, fast unterkühlt.

Der Wald verweht in Dunkelsternennacht,
als wär das Universum irreal,
der Raum, die Zeit und uns're Lebensqual,
und wirklich nur des Reihers Daseinsmacht,

nur dieser Glanz, der in sich selber ruht,
gestillt, geballt um tiefe Lavaglut,
bar jeder Leidenschaft und Zorn und Liebe,

und fern der Traum von Jugend, Balz und Brut.
Selbst wenn von ihm nur noch ein Hauch
                                        verbliebe,
er atmete sich aus – und es wär gut.

WENN DU NICHT WASSER BIST, wie kann es sein,
dass du so silbern für uns beide glänzt
und alle meine Spinnweb-Brücken kennst?
Von meiner Zunge fällt in dich hinein

der Obolus, das Blutgeld für die Fahrt,
die längst schon in dir angekommen ist.
Wie kann es sein, dass du nicht Wasser bist,
ein Spiegel, der vor meinem Blick verharrt?

Und fällt die Münze, dann erwachen Anden
in dir und werden flugs zu Lichtspiralen,
weil sie in dir erst hell und wirklich sind.

Mein Blick verquirlt in ihren Sarabanden
mit jedem andren Licht auf Blätterschalen.
Dann wachst du auf in mir, ertrunknes Kind…

ALS DU VORBEI GEFLOSSEN WARST wie Schatten,
brach sich der Storch vor Sehnsucht das Genick.
Im Blau des Teichs, im selben Augenblick,
erwachten nachtumstrudelt helle Matten,

entflammten unter schwarzen Pfauenschwingen:
du atmetest darin als Flut von Licht.
Der Pfau ertrank in sich, im Selbstverzicht.
Der Höckerschwan begann dein Lied zu singen.

Das Wasser schlief im Teich, schwer wie Brokat.
Es träumte in mir einen Traum vom Sein,
es schien mir fast, als wäre ich geboren.

Im Nachtwald glüht ein messerschmaler Pfad.
Du kommst mit Lampions. Kehrst bei mir ein.
Verlier ich mich, bin ich in dir verloren.

Ich habe Gott gesehen

Ich habe Gott gesehen in der Glut,
in Flammen, die in allen Wesen sangen:
Er ist aus unsren Schreien ausgegangen
und wälzte sich mit uns in Dreck und Blut.

Ich habe Gott gesehen, wie er litt,
und weinte, als ich ihn so sah zerfallen,
zerrissen und zerpeitscht von Gürtelschnallen,
und wie man sich um den Kadaver stritt.

Sind wir geboren? Sind wir nicht geboren?
Gesät, begraben unter den Traktoren?
Denn Gott ist jung, und wir sind ewig alt.

Ich habe Gott gesehen, wie er saß
an einem Tisch aus Luft und mit uns aß
von seiner eignen mystischen Gestalt.

WIE SICH DAS FELL DER Katze schimmernd sträubt,
so krümmen sich Millionen Weltenräume.
Wir sind geworfen an die Küstensäume,
die Lippen sind von ihrem Kuss betäubt.

Wie wir uns eines Daseins Abendstimmung,
so mag die Zeit sich hingegeben beugen,
und unser Sterbenmüssen mag ihr zeugen
des fliegenden Delfins grazile Krümmung.

Wenn uns doch nur die Wellenbläue bliebe,
sie hin zu tragen in das Transzendente –
wie funkelte mit ihr das Seelenland!

Wie Raum und Zeit sich krümmen, so die Liebe:
ein Tropfenbogen tausender Momente,
in denen sich die Jenseitsbrücke spannt.

WENN DU DIE HAND AUS MEINEM BRUSTKORB
ZIEHST,
als gelte uns nicht mehr die Autobahn,
nicht Zimbel, Genstrang oder Auerhahn,
und wenn du aus den Bienenstöcken fliehst,

dann hinterlässt du mir doch ein Vermächtnis:
auf meiner Kopfhaut grünt dein dichtes Haar
und in ihm nistet eine Vogelschar,
sie heckt den Schlaf mir als ein Traumgedächtnis.

Du weißt: ich trage deinen fernen Garten,
der sich seit je schon in den Böen regt,
in meiner umgedrehten Schädelschale.

Als Tor und Weg und Brücke wirst du warten,
vielleicht als Mädchen, das die Saiten schlägt,
damit ich sie mit letzter Haut bezahle.

VON STRAHLEN WILL SIE ÜBERGEHN,
die älter sind als sie.
Sie will an allen Türen stehn,
in alle Küsse Atem wehn:
Aus Magdala Marie.

Sie atmet Licht und Engel ein
und Lava aller Weiten.
Und alles muss sie selber sein,
schockiert vom überhellen Schein
aus allen Wesenheiten.

Und sie ist Seele, Ehefrau,
und bebt von unsrem Lied,
läuft barfuß durch den Morgentau.
Sie leuchtet in uns königsblau,
wenn Not die Netze zieht.

Um ihren Hals ein Band aus Wind,
so ist sie schwer zu haschen.
Von jedem trägt sie Kind um Kind,
und ihre Lichtgeburten sind
wie Fische in den Laschen;

:wirft meine Haut als Netz hinaus,
den weiten Raum zu fangen.
All meine Nerven spannen aus,
gedreht zur Straffheit eines Taus
an weißen Segelwangen;

:wirft meine Haut in lichte Füllen,
entzündet ihre Poren,
jedwede Nacktheit zu enthüllen.
Im Abendrot der Amaryllen
geh ich mir selbst verloren;

:wirft meine Haut auf andere Haut
in rhythmischem Erwachen.
Ich träume sie schaumübertaut.
Wenn über uns der Flügel blaut,
hör ich die Möwe lachen;

:spannt meine Netzhaut an die Rah,
so wie beim Segelhissen.
Und nahen wir uns Afrika,
dann bin ich Trommel und Kora,
Musik und Schau und Wissen.

SIE IST NUR FREI IM AUSGELIEFERTSEIN
und schwebt nur ohne Last der Schwingen.
Sie geht nur nackt ins tiefe Blau hinein,
schon aufgelöst aus ihm zu singen.
Die Himmel zittern wie die Apfelblüten,
berühren zärtlich ihre Flanken.
In allen Wesen will der Kosmos brüten
und trunken in den Genen wanken.

DU BIST DER STURM, konvex, konkav,
der Fischerkahn, zerbrechlich,
der Mann darin in tiefem Schlaf,
den ich im Traum vom Dasein traf,
ein Fieber, krank und schwächlich.

Du wirfst mich aus und ziehst mich ein
mit Seim und Fischgekrösen:
Ein Zugnetz voll von deinem Schein.
Mein Atem soll geatmet sein,
mich in dir aufzulösen.

Jeder von uns, wirklich jeder
aß ein Stück von dir.
Du schmecktest nach gegerbtem Leder,
Salz und Fisch und Sperlingsfeder,
Arbeit, Not. – Und wir,

oh, wir wollten dich nur halten
uns zum Daseinsgrund.
Furcht will unsre Pulse spalten!
Hilf uns deine Hände falten,
du, so schmal und wund.

Alle bohrten ihre Nägel
tief in deine Haut.
Morgen setzen wir die Segel.
Wir sind Flut, du unser Pegel –
du, der in uns blaut.

Nie nimmst du deine raue Hand
aus meinem Teig und Brot.
Berühren schmeckt nach Uferstrand.
Du ziehst mich in ein helles Land
an einem Fischerboot.

Im Funken Zeit gelang es mir:
ich schmolz in dich hinein.
Im Wogenrausch versanken wir
und in der Wirklichkeit von dir
zerging mein Traum vom Sein.